Barbara Zimmermann
Hunde – nicht ganz ernst genommen

Barbara Zimmermann

Hunde – nicht ganz ernst genommen

Kynos Verlag

© KYNOS VERLAG
Helga Fleig, D-5537 Mürlenbach / Eifel
Tel.: 06594 / 653
1. Auflage 1986
Gesamtherstellung: Wienand KG Köln
Jeder Abdruck, auch auszugsweise,
bedarf der vorherigen schriftlichen Genehmigung
des Verlages.
ISBN Nr.: 3-924008-27-2

Zum Geleit

Barbara Zimmermann – selbst Hundebesitzerin – stellt mit ihrem Buch Verhaltensweisen von Hunden in humorvoller Form vor.
Bilder und Texte passen auf den Punkt genau zusammen.
In unnachahmlicher Art legt sie ihren Akteuren Gedanken in den Mund, die dem Leser liebenswerte Eigenschaften unserer vierbeinigen Freunde bewußter machen.
Die Rassenvielfalt ist für Barbara Zimmermann vergleichende Betrachtung. Im Grunde sind die aufgezeigten Episoden kurzgefaßte Ergebnisse von Verhaltensforschung, die Vorzüge und auch Schwächen des Verhältnisses Mensch – Hund deutlich machen.
Die Bilder und Erlebnisse basieren auf praktischen Erfahrungen, die sie mit ihrem und anderen Hunden bei Spaziergängen mit dem „Rudel" machen konnte. Das „Rudel" ist ein lockerer Zusammenschluß von Hundefreunden, die sich seit vielen Jahren mit ca. 30 Hunden unterschiedlichster Rassen täglich auf den Rheinwiesen bei Düsseldorf treffen.

Heinz Höller

Dank

an die Menschen
Marianne und Walter Greß
Marga und Heinz Höller
Wieland Schmoll

und an die Hunde
Anja, Bai-Cheng, Betty, Bill, Bobby,
Charly, Chico, Conny, Corinna, Cyra,
Distel, Eiko, Fabian, Herrmann, Janne,
Jimmy, Jule, Lady, Larry, Minka, Nelly,
Palme, Paula, Pia, Quick, Robbe, Rosine,
Struppi, Tommy, Toni, Uli, Venise, Yoker,
Yoko, York, Zarah
    und viele andere.

Düsseldorf im Juli 1986
BARBARA ZIMMERMANN

I. Zwischenhundliche Beziehungen

DER EINDRINGLING

Mein Herr, das ist nicht Ihr Revier!
Ich bitte erstens, sich zu trollen,
und zweitens, mir als Alpha-Tier
den nötigen Respekt zu zollen!

Willst, Freundchen, oder kannst Du nicht?
Hau ab, Du elend lange Latte!
Sonst schicke ich Dich Schwergewicht
mal kurz zum Träumen auf die Matte!

Glaubt Ihr, der rührt sich? Dreimal nein!
Mich packt ein fürchterliches Grimmen!
Ich schmeiß den Flegel in den Rhein.
Vielleicht (haha!) kann er nicht schwimmen...!

Der Shar Pei

Zu uns'rer typisch deutschen Meute
stieß letzte Woche ein Shar Pei.
Chinese. Was ist auch dabei?
Weltoffen ist der Hund von heute.

Wir nahmen ihn in uns're Mitte
und ließen gute Sitte walten.
Neugierig fragten wir: „Ach, bitte,
wieso hast Du denn keine Falten?

Wir haben viele Hundebücher
und Rassekunde gut studiert
und kennen Euch, Ihr selt'nen Viecher,
im allgemeinen nur plissiert."

Der Gast, er blickte scheu zur Seite
und sagte dann (ist es zu fassen?):
„Ich hasse Falten, liebe Leute.
Da habe ich mich liften lassen."

NOBODY IS PERFECT

Die „Isabel vom Rosenhang"
gehört zum alten Adel.
Ihr Stammbaum ist zehn Meter lang,
die Herkunft ohne Tadel.

Ich hab' ihr einen Witz erzählt,
der war nicht stubenrein.
Da hat sie lautstark losgegrölt,
und das klang gar nicht fein.

So edle Damen, dachte ich,
die würden sich genieren
und niemals derart schauerlich
vor Lachen explodieren.

Da sieht man's wieder: Namen sind
nicht mehr als Schall und Rauch.
Lord Henry rülpst wie Du, mein Kind,
und Grafen pinkeln auch...

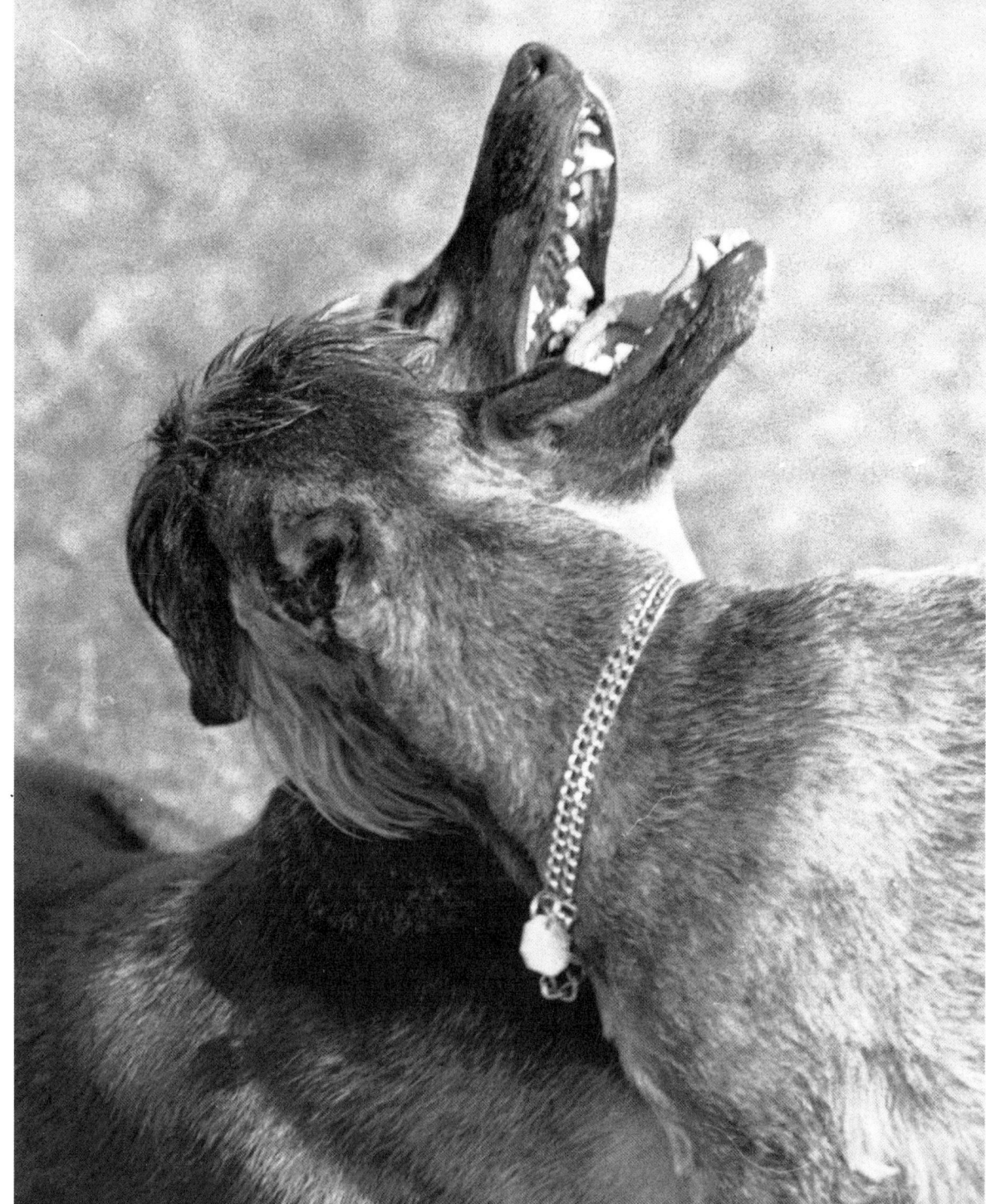

WEIBSGEZÄNK

Wenn Weiber zu Hyänen werden,
dann hält man sich am besten raus.
Beängstigend die Drohgebärden:
Es sieht nach Mord und Totschlag aus!

Wenn Frauenzimmer sich vermöbeln,
so wahre man die Fluchtdistanz.
Sie geifern, kreischen, kämpfen, pöbeln
nicht selten wegen eines Manns.

Wenn Senta faucht und Lady winselt,
wenn Anja ihre Wunden leckt,
fühlt sich manch Rüde bauchgepinselt.
(Er hält sich für das Streitobjekt…)

Das Ritual

Kommt ein Fremdling ins Revier:
Erst mal Ritual entfalten!
Nacken spannen wie ein Stier,
Oberkörper gerade halten.

Stechschritt. Muskelspiel am Hals.
Ohren vorwärts. Leise grollen.
Nase kräuseln. Schlimmstenfalls
bißchen mit den Augen rollen.

Breitseits Größe demonstrier'n
(wenn's nicht anders geht, auf Zehen).
Niemals das Gesicht verlier'n.
Zuversichtlich vorwärtssehen.

Rute senkrecht! Igelhaar!
Wedeln! Pinkeln! Angst genommen?
Friede. Freundschaft. Alles klar?
Servus Kumpel. Sei willkommen!

TRATSCH

Da rauscht sie hin in ihrem Tupfenkleid.
Meint wohl, daß sie was ganz Besond'res sei.
Paar schwarze Punkte – was ist schon dabei?
Auch ist sie viel zu fett, die gute Maid!

Ihr Mann, der müht sich ab mit „Schutzhund III",
er schuftet auf dem Platz, ganz ohne Pause.
Und kommt der arme Wicht erschöpft nach Hause,
dann will sie ausgeh'n! Weibertyrannei!!!

Mit Bello von der Ecke geht sie fremd.
Die wird ja wohl ein rechtes Flittchen sein.
Ich sage stets: „Fein ist die nur zum Schein!"
Und ihre Kinder sind nicht mal gekämmt.

Da ist doch unsereins viel besser dran!
Hier gelten noch die angestammten Sitten:
Wenn „Sie" nicht spurt, dann fährt „Er" mit ihr Schlitten.
Tschüs dann. Um sieben kommt mein Mann...

Der Schwips

Ein Prosit der Gemütlichkeit!
Ein Prosit allen braven Hunden!
Oh, welche große Seligkeit:
Wir haben – hicks! – zur Abendzeit
'nen vollen Bowlentopf gefunden!

Die Kleine hat das Obst bekommen
(ein Kilo Pfirsiche – o Graus!),
ich hab' die Flüssigkeit genommen.
Jetzt fühle ich mich leicht verschwommen
und sehe, glaub ich, auch so aus...

Warum ist es am Rhein so schön?
Mir ist so heiter ums Gemüte!
Mein Körbchen scheint sich sanft zu dreh'n.
Ich kann das Herrchen doppelt seh'n.
Bin ich besoffen! Meine Güte!

Die Ignoranten

Schnauzer (denkt):

„O Gott – was ist denn das für einer?
Wie sieht denn dessen Nase aus?
Du fielst wohl aus dem Fenster, Kleiner?
(Anscheinend macht er sich nichts draus.)"

Boxer (denkt):

„Wer kommt denn da? Du liebe Güte:
So viele Fusseln im Gesicht
find' ich abscheulich. Doch behüte –
das sag' ich ihm natürlich nicht."

Sie werden Freunde. Schwören Treue
und lernen schon vorm Bruderkuß,
daß das ganz Fremde und ganz Neue
nicht a priori schlecht sein muß...

Das Gelübde

Heiliger Franziskus, steh' mir bei!
Mach, daß der Bestie ich entwische!
Gegen dies Wolfsgebiß, au wei,
sind sogar Piranhas „kleine Fische".

Ich gelobe, immer brav zu sein!
Jedermann kann mir zukünftig trauen!
Hilf, ach, heil'ger Franz, mir armem Schwein!
Nie mehr will ich streunen, kläffen, klauen!

Selbst der blöde Hasso wird tabu,
darf sogar aus meiner Schüssel fressen.
Dabei schaue ich ihm freundlich zu.
Nie mehr will ich in die Stube nässen!

Friedlich plätschert nun mein Lebenslauf,
meiden will ich Zank und Keilerei!
Kurz: Das schöne Dasein hört jetzt auf...
Heiliger Franziskus, steh' mir bei!

Die Belastungsprobe

Stets dachte ich, Du sei'st mein Freund.
Doch an dem ersten dicken Knochen
ist Deine Liebe schon zerbrochen.
Du bist ein Geizhals, wie mir scheint.

Wir schworen ew'ge Kumpanei.
Jetzt knurrst Du böse, willst nicht teilen.
Das Sprichwort stimmt, ist's auch zum Heulen:
„Besitz entzweit!" Es bleibt dabei.

Du kommst mir nicht mehr in mein Haus.
Vergebung? Pah – da kannst Du warten!
Adieu. Ich geh. (Und grab' im Garten
mir meinen eig'nen Knochen aus.)

II. Kinderstube

NA, WARTET...

Ich bin klein, mein Herz ist rein,
hier sitz' ich in der Wiese.
Mama ging fort, ich blieb allein
und fühl' mich reichlich miese.

Doch wartet nur: In einem Jahr
(und das währt nicht sehr lange),
dann bin ich groß, stark und sogar
vorm Müllmann nicht mehr bange!!!

Auf'm Arm

Was heißt hier „Feigling"? Na, ich danke!
Dort kommt ein Wolfshund angerückt!
Was ist, wenn dessen Riesenpranke
danebenlatscht und mich zerdrückt?

Denk nur, wenn dieser Trumm von Köter
zum Frühstück junge Hund schluckt...
Der Kerl macht aus mir Hackepeter,
bevor Du richtig hingeguckt.

Hier oben kann ich prima schauen,
fühl' sicher mich an diesem Ort.
Und ist der Große abgehauen,
dann komm' ich runter. Ehrenwort!

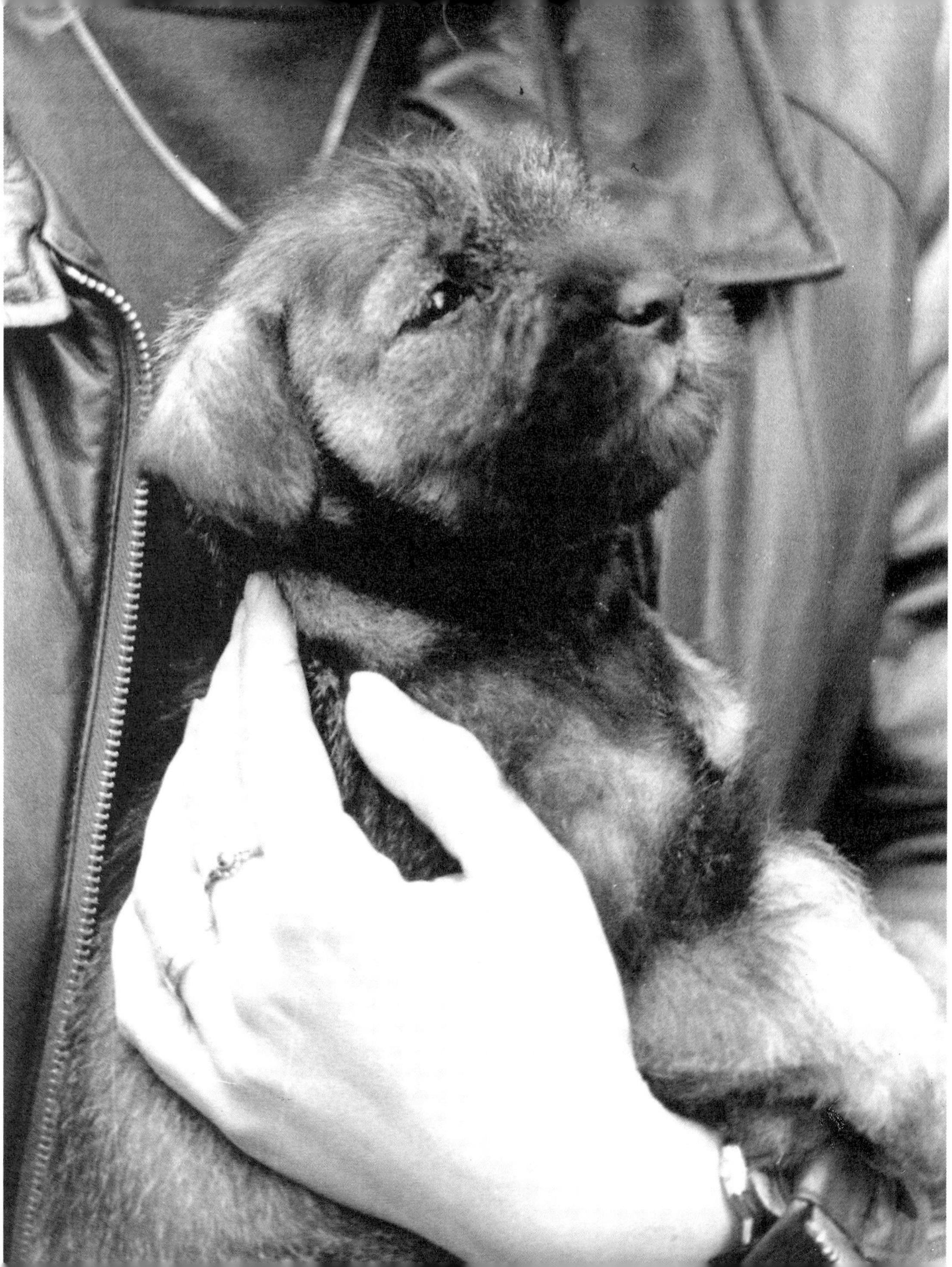

DER SCHRITT INS LEBEN

Der Weg in Richtung Zukunft ist beschritten.
Drei kleine Hunde trau'n sich in die Welt.
Ach, lieber Gott, ich möcht' Dich herzlich bitten:
Mach, daß das Dasein diesen süßen Lütten
ein Leben lang so gut wie heut' gefällt!

37

Frauchens Hand

Auf einmal kam die große Hand
mir kleinem Wicht ganz nah.
Sie war mir gänzlich unbekannt,
doch roch sie ziemlich gut. Ich fand:
So gut fast wie Mama.

Zwar war ich damals noch ganz klein,
doch schöpfte ich Vertrau'n.
Des Frauchens liebe Hand soll mein
Freund, Leiter und Beschützer sein.
Und darauf will ich bau'n.

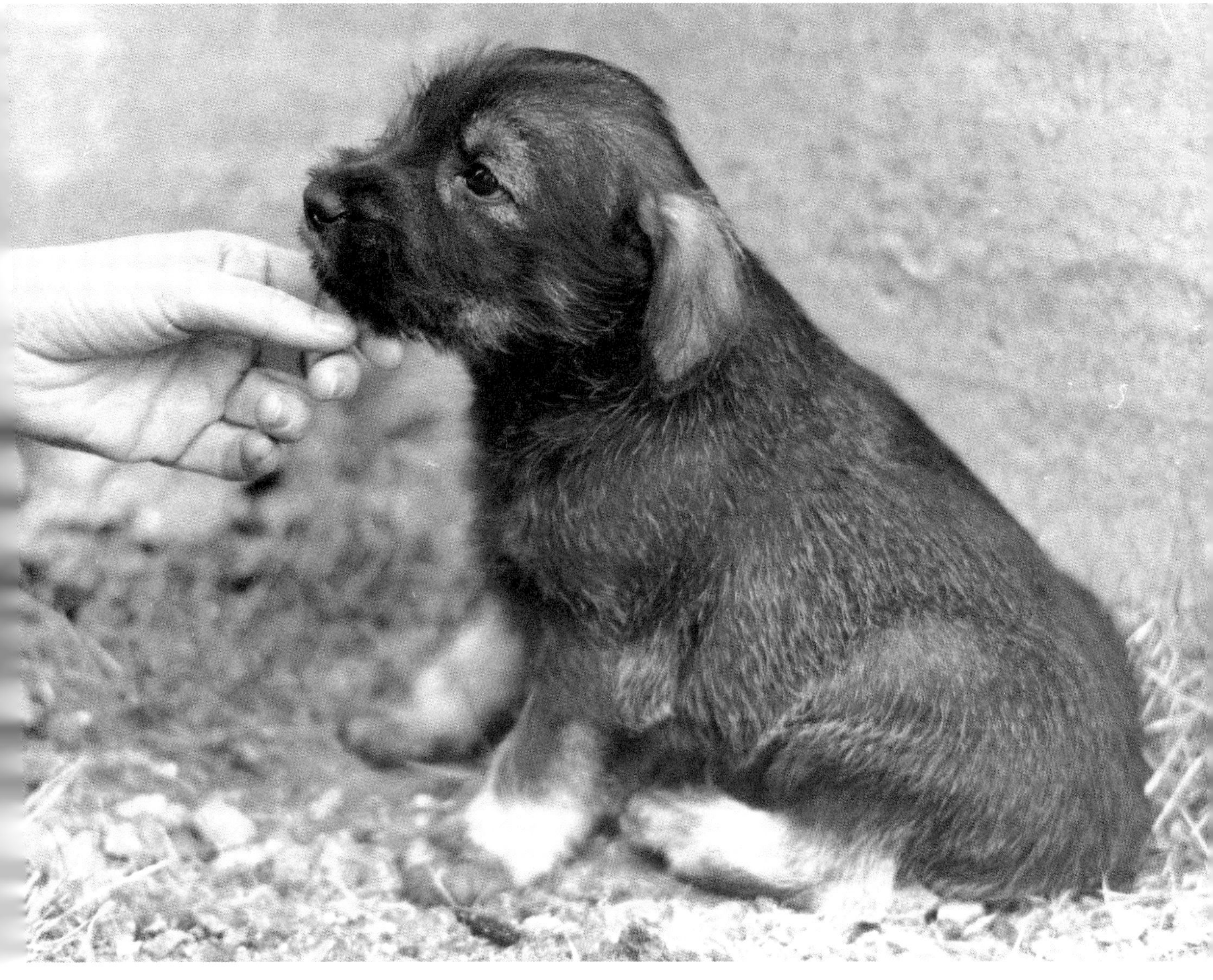

DIE BESTIE

Der Deutsche Schäferhund ist sehr gefährlich.
Das kann man deutlich auf dem Foto seh'n.
Für ihn wird „Waffenschein" gefordert. Ehrlich!
Er kann Dir, Freundchen, an die Gurgel geh'n.

Ich bin 'ne Bestie. Sieht ja wohl ein Blinder!
Und wenn ich groß bin, werd' ich Schutzhund III.
Dann freß' ich Jogger, Radler, kleine Kinder
und richt' ein Blutbad täglich an. Juchhei!

Hab' ich den Gartenzaun erst überwunden,
dann zeigt sich die Bestimmung meines Seins:
Ich bin der Killer unter allen Hunden,
und BILD bringt mich schon bald auf Seite eins...

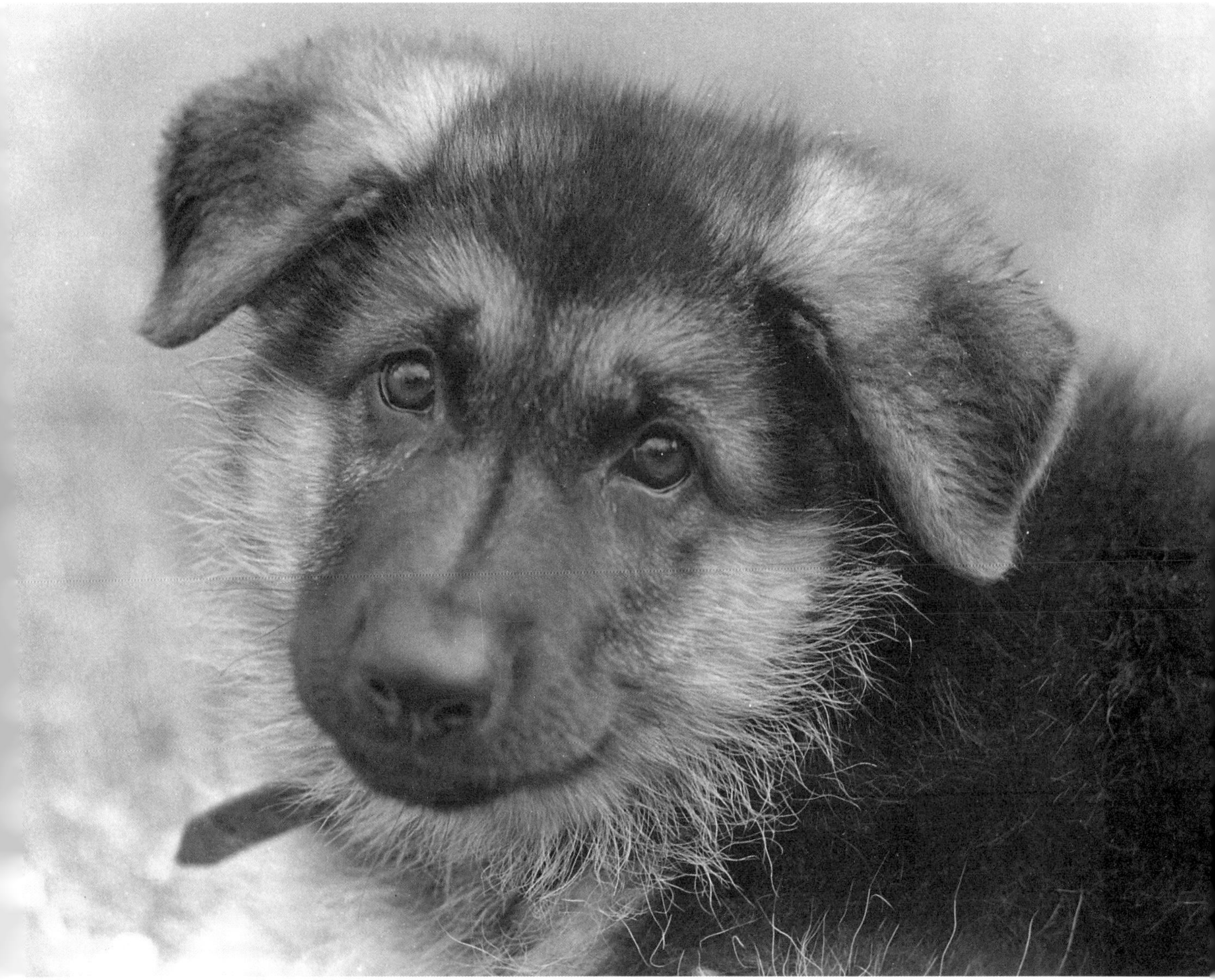

Das Unschuldslamm

Ich hab' fast gar nichts angestellt:
Bloß Möbelrücken im Salon,
Blumen zerfetzt auf dem Balkon
und Oma Müller angebellt.

Heut' war ich ausgesprochen lieb:
Nur etwas Dreck im Badezimmer,
und unser Nachbar sucht noch immer
nach dem „verdammten Brötchendieb".

Ich hielt mich heute sehr zurück.
Beim Perserteppich dacht' ich halt,
er sei für mich. Denn er war alt.
(Vom Gobelin fehlt auch ein Stück.)

Ich bin der bravste Hund der Stadt.
Sooo'n kleines Loch im Abendkleid,
schon heult das Frauchen. Tut mir leid.
Der Schinken fehlt, und ich bin satt.

Problemlos bin ich. Frommes Tier.
Weiß nicht, warum der Hausherr schreit
und tobend droht: „Der wird verbleut!"
Ich bleib' wohl besser erst mal hier...

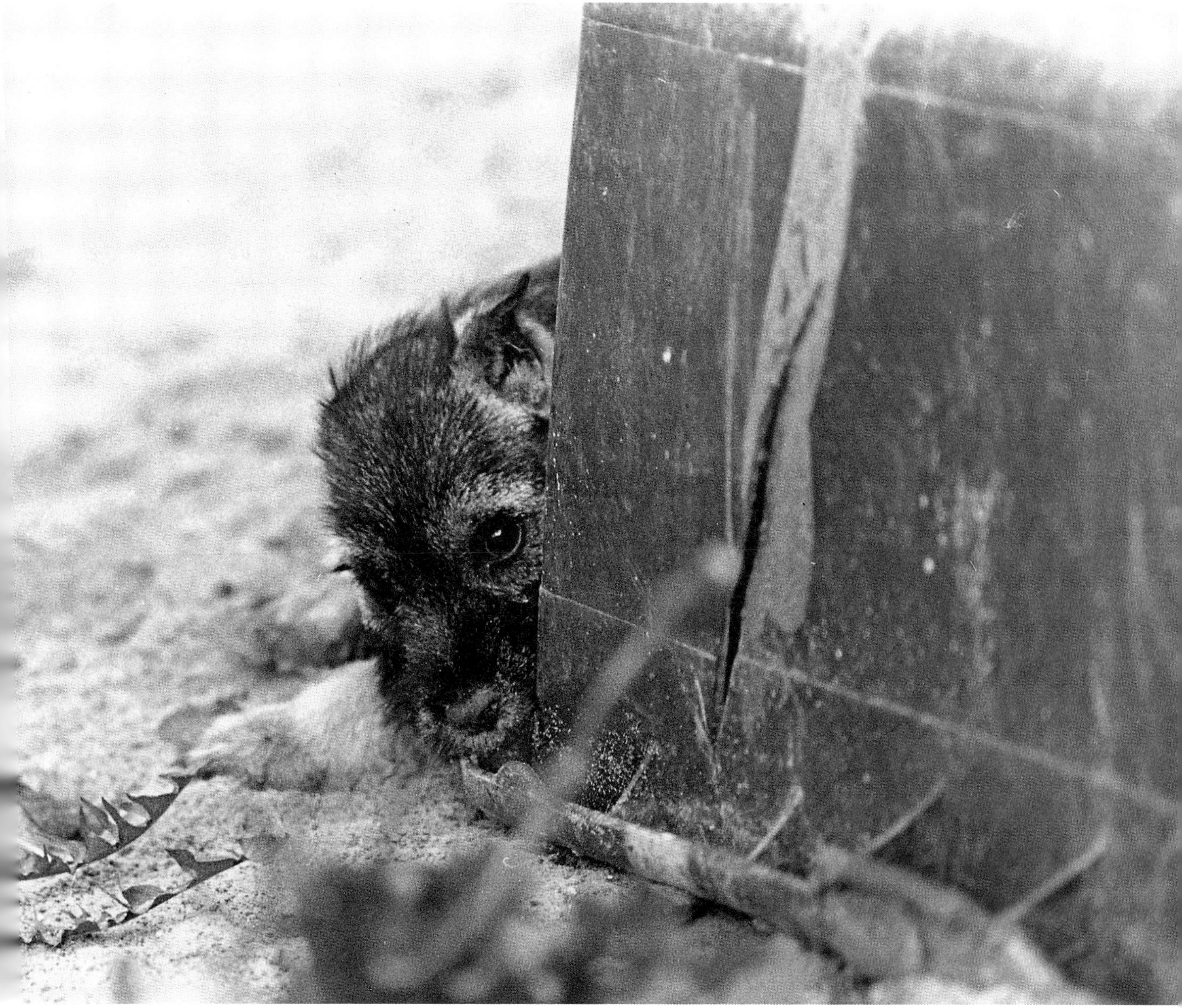

WELPE AUF BESUCH

Die kleinen Kinder geh'n an alles dran!
So'n Knirps kann einen unwahrscheinlich stressen.
Jetzt will sogar er meine Kette fressen!
Der Lütte schafft mich schon. Mein lieber Mann!

Die Nachbarin gab ihn hier kürzlich ab:
Sie müßte dringend in den Schlußverkauf.
„Ach, passen Sie doch auf den Süßen auf!"
Seitdem: Randale. Und das nicht zu knapp.

Ein Biedermeierstuhl ist angenagt.
Die Stube ähnelt einer Seenplatte.
In Frauchens Bett liegt eine tote Ratte.
Selbst ans Klavier hat er sich rangewagt.

Jetzt fehlen sieben von den schwarzen Tasten.
Zernagt zu Kleinholz. Teils sogar verschluckt.
Und wenn er leise ist und sich nicht muckt,
zerfetzt er heimlich uns're Vorhang-Quasten.

Die kleinen Kinder geh'n an alles dran!
Ach, ihr Zerstörungsdrang ist unermüdlich.
Und sind die süßen Bälger noch so niedlich –
ich glaub', ich schaff' mir keine Kinder an...

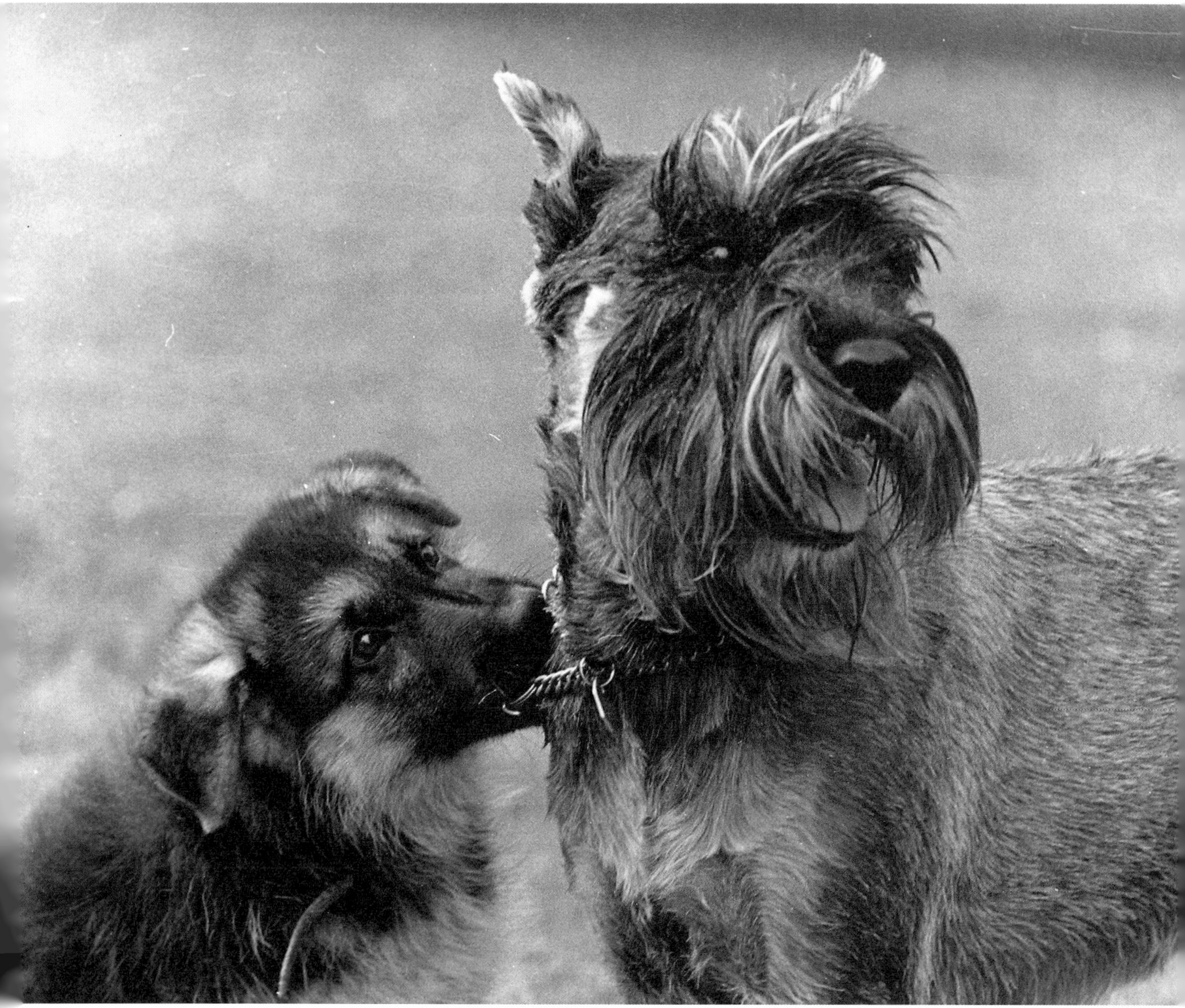

Das Recycling-Auto

Die Karre hat schon hunderttausend drauf,
die Kupplung rupft, und das Chassis ist schief.
Jetzt fressen wir das Auto einfach auf –
ganz umweltfreundlich, sparsam, effektiv.

Du kriegst die Vorder-, ich die Hinterachse.
Auf den Vergaser leg' ich keinen Wert.
Koste den Reifen! Schmeckt wie Schweinehaxe!
Zylinderkopf? Der ist bereits verzehrt.

Der Tank ist schon seit langem leergesoffen,
der Zündverteiler sauber abgeleckt,
und von der Kühlerhaube woll'n wir hoffen,
daß sie so köstlich wie der Auspuff schmeckt.

Jetzt hat der Kolben endlich seinen Fresser!
Den Motor heben wir zum Nachtisch auf.
(Sie merken schon: Wir sind verwöhnte Esser,
beachten dies bei jedem Wagenkauf.)

Warum zum Schrottplatz mit den ollen Kisten?
So'n altes Auto schaffen wir allein!
Als ob das nicht die meisten Leute wüßten:

Zwei Welpen kriegen einfach alles klein...

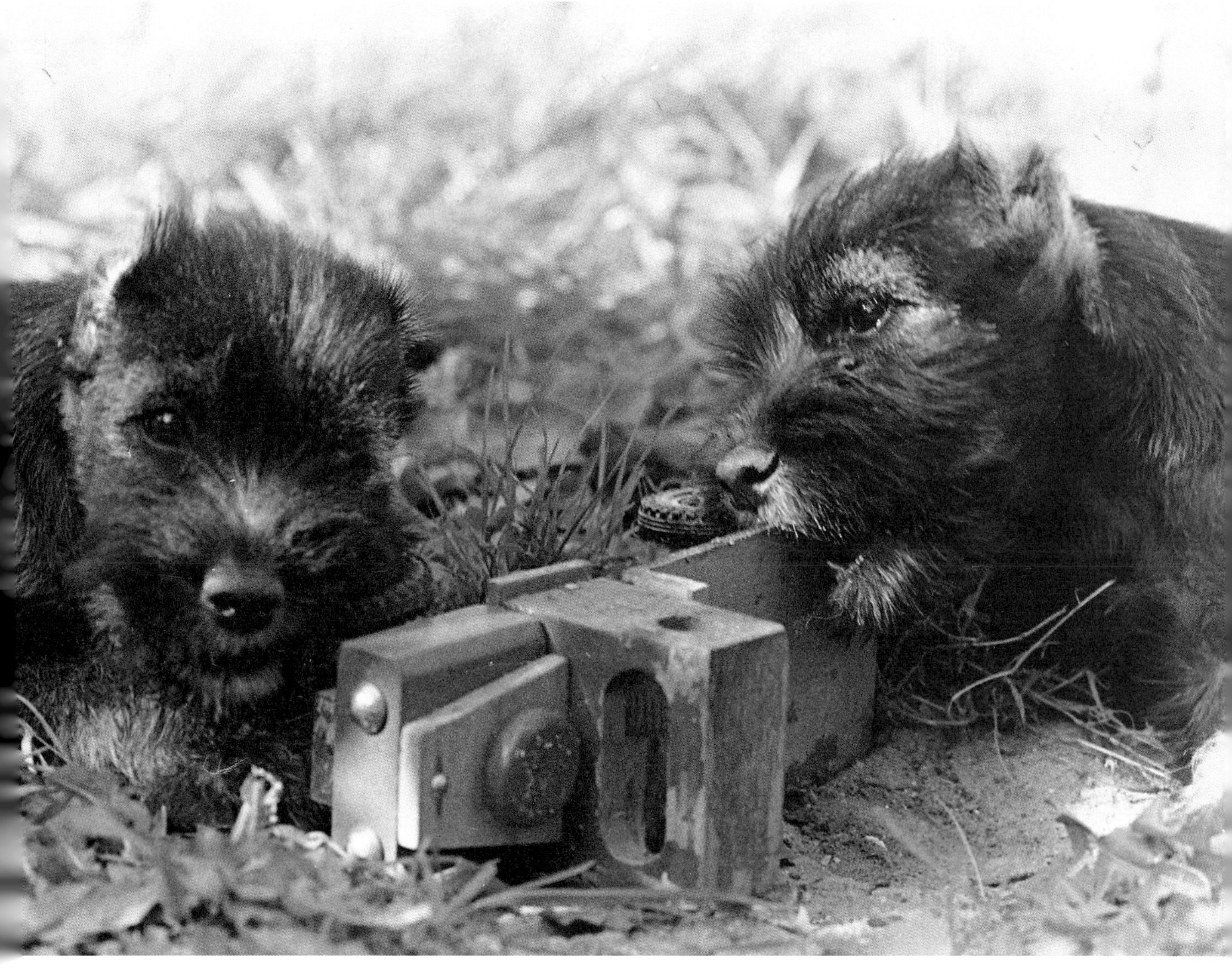

DER BABYSITTER

Man ist ja schließlich Kinderfreund
und fügt sich, notgedrungen.
Ist er nicht süß? Der Kleine meint,
er hätte mich bezwungen.

Heut' lach' ich, wenn der Knirps mich neckt
und dulde eine Menge.
Doch übers Jahr will ich Respekt!
Sonst, Freundchen, setzt es Senge!

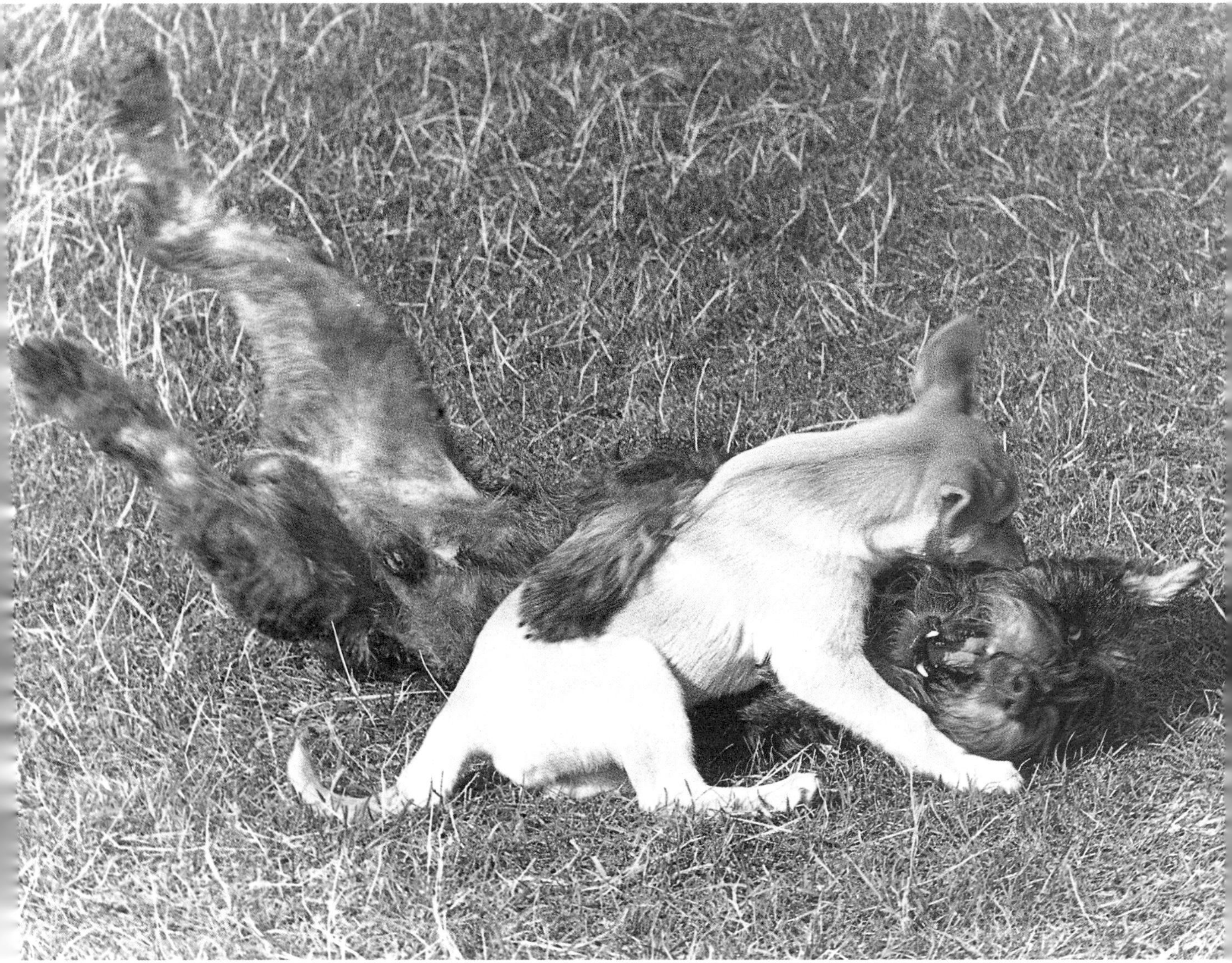

DER VIELFRASS

Mein Bruder ist ein guter Esser.
Er mampft von früh bis in die Nacht.
Sein Appetit wird immer besser,
die Kiefer malmen, daß es kracht.

Mein Bruder liegt stets auf der Lauer
nach Nahrung, flüssig oder fest.
Und er wird ausgesprochen sauer,
wenn man ihn Kohldampf schieben läßt.

Mein Bruder ist nicht wählerisch
und kann fast alles runterschlucken.
Sogar zehn Wochen alten Fisch
verdrückt er ohne Wimpernzucken.

Mein Bruder, der steht kurz vor'm Platzen.
Das Halsband ist ihm schon zu klein.
Jedoch frohlockt er unter Schmatzen:
„Ein Nachschlag paßt bestimmt noch rein!"

Ich selbst bin dünn. Mag and're Sachen:
Kunst und Kultur sind meine Lab'.
(Was soll ich armes Schwein auch machen –
der Geizhals gibt mir nie was ab.)

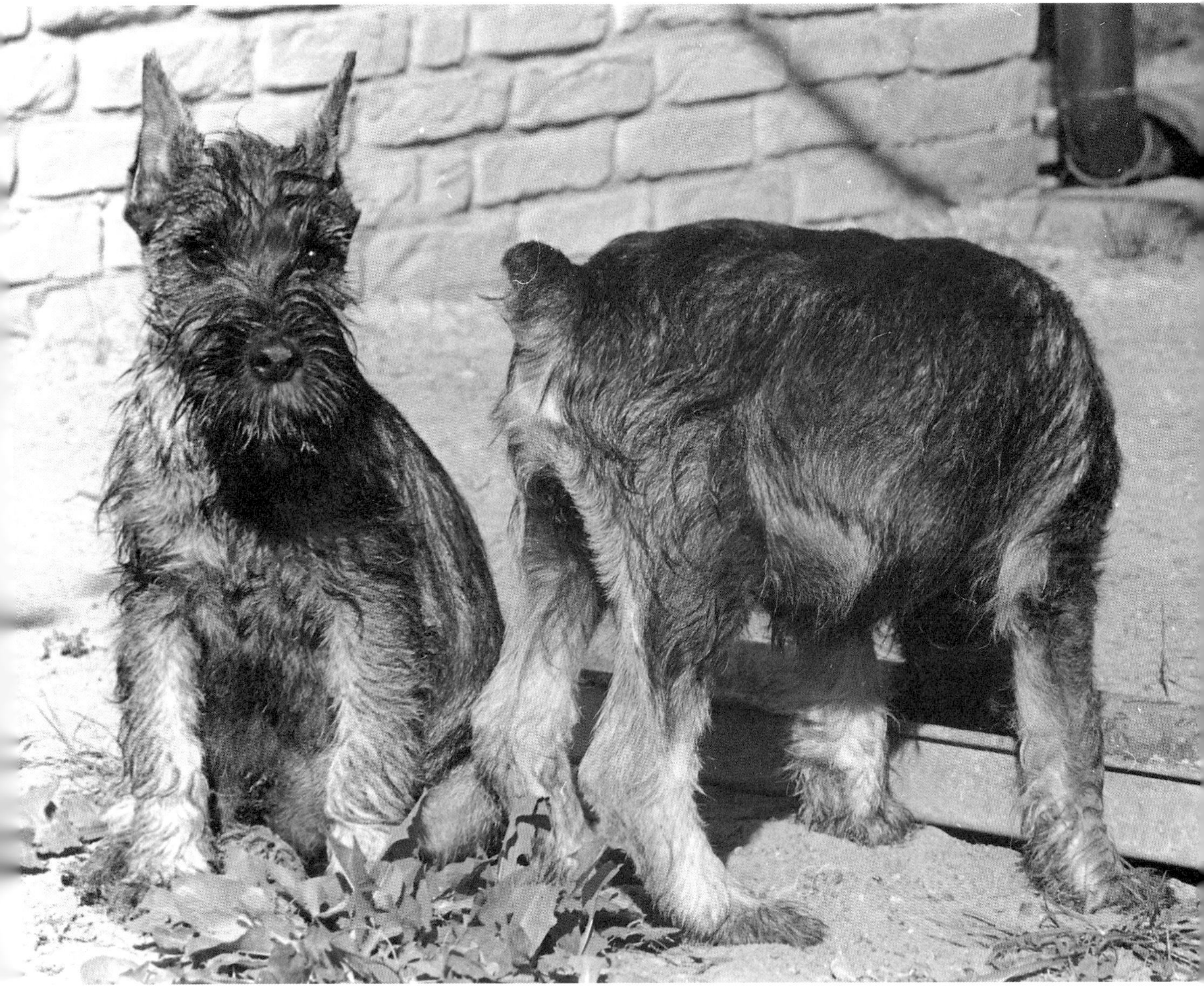

Der Angeber

Genau genommen bin ich eine Wucht.
In zartem Alter trotz' ich den Gefahren.
Mit unverdroß'nem Imponiergebaren
schlag' ich die stärksten Feinde in die Flucht.

Am Freitag werd' ich sechzehn Wochen alt.
Bin selbstbewußt, da seid Ihr von den Socken!
Ich habe auch die allergrößten Brocken
von Schäferhunden voll in der Gewalt.

Mein Kampfgeist kann Experten glatt verwirr'n.
Ich bin von allerheißestem Geblüt.
Und – wie man deutlich auf dem Bilde sieht –
biet' ich selbst Killern heldenhaft die Stirn.

Kein Kampf, in dem ich je den Mut verlor.
(Bloß wenn mein Herrchen wie ein Seemann flucht
und mich – der Pfützen wegen – wütend sucht,
trau' ich mich nicht mehr unterm Bett hervor...)

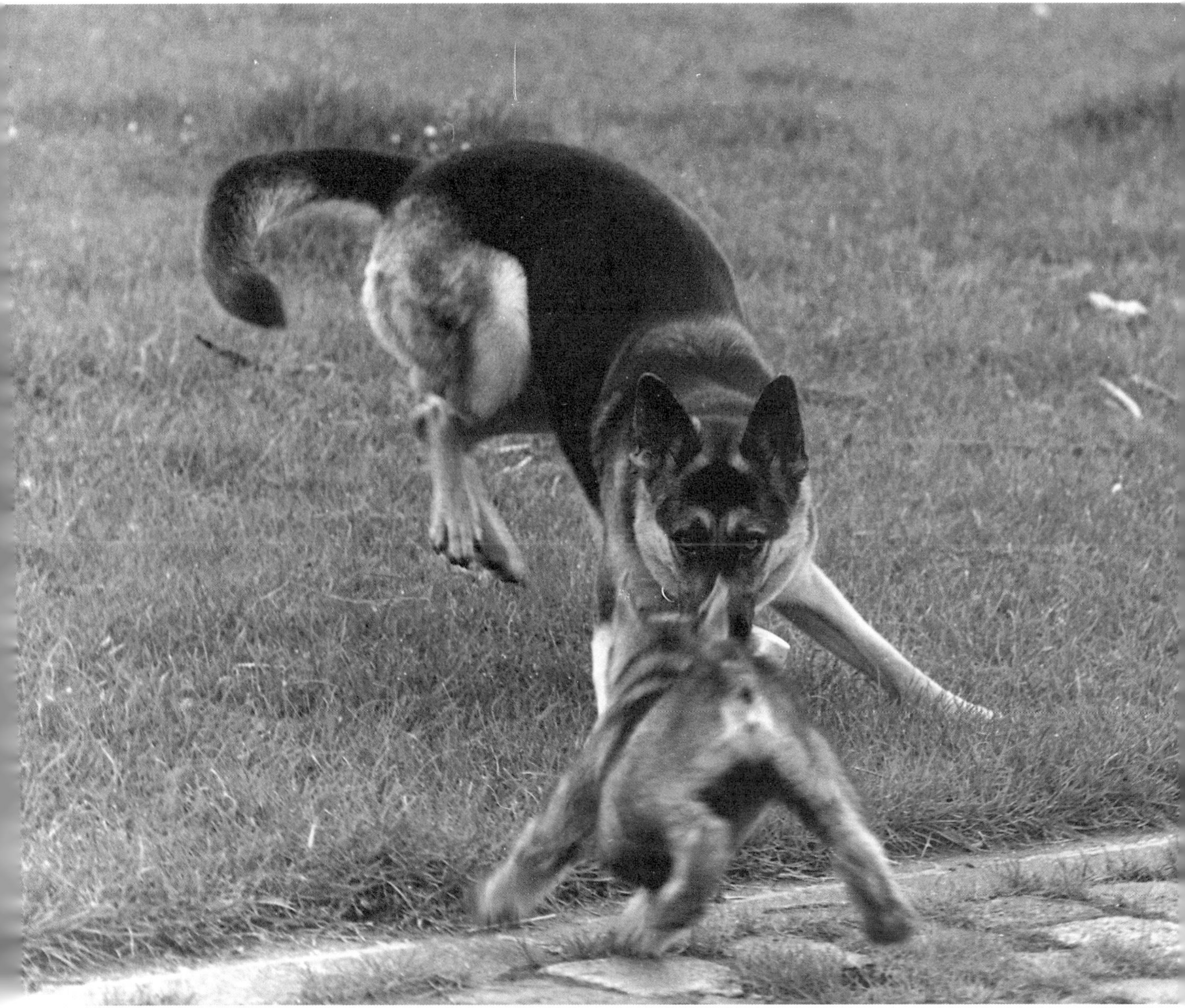

III. Lust und Liebe

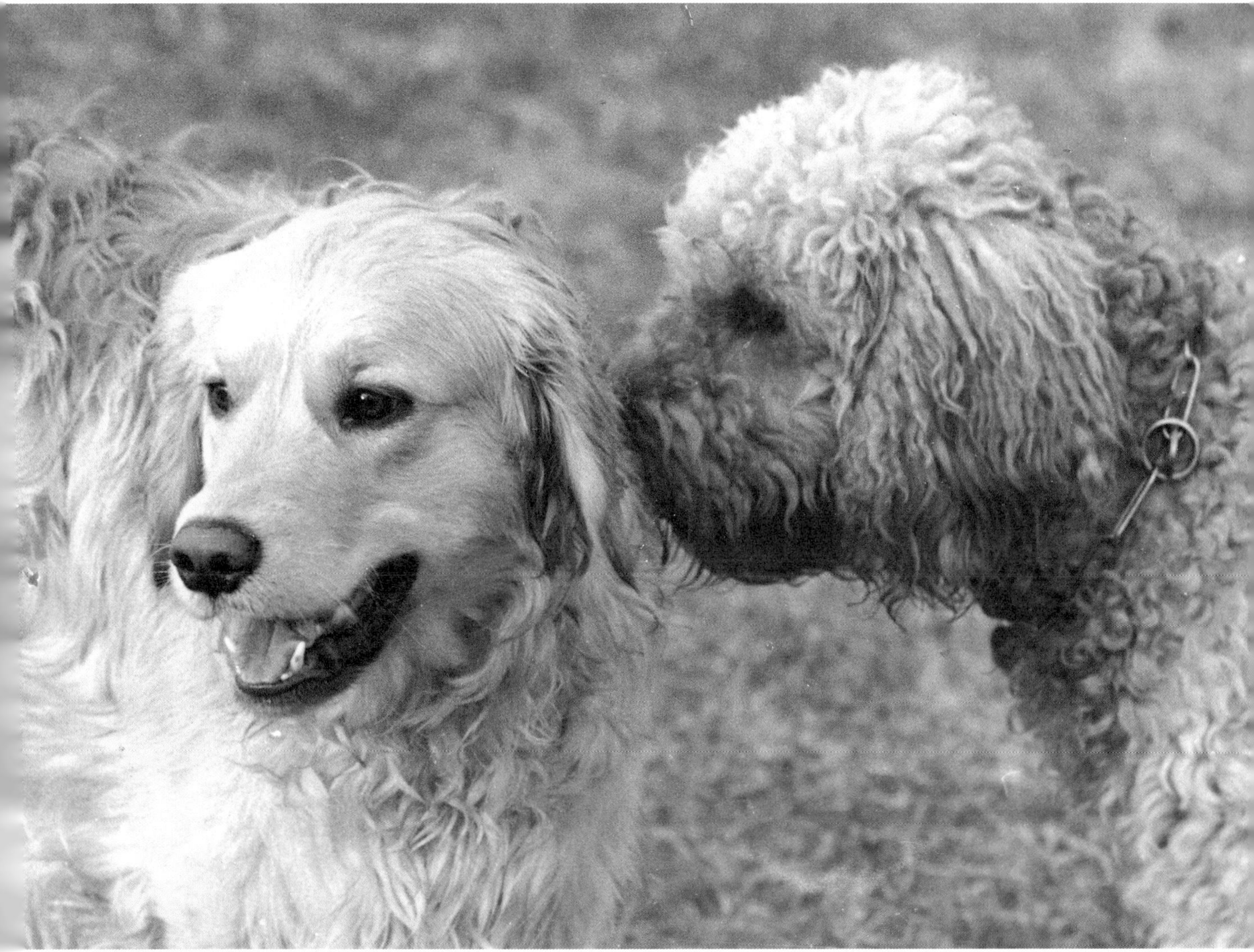

Ein Herz für Dicke

Ich hatte 'ne Beziehungskiste
mit einem Windspiel, namens „Bess".
Rückblickend denk' ich: Nix wie Streß!
Sie fand sich vornehm – und war triste.

Und mager war sie – ach, so mager!
Sie schimpfte meine Liebe „Faxen",
ihr Körper sei mir nicht gewachsen.
(Erotischer Totalversager!)

Vorbei. Jetzt lieb' ich Mollymaus.
Fast dreißig Kilo. Von d e n Rippen
kann man so leicht nicht runterkippen.
Das stramme Mädchen hält was aus.

Laßt dicke Hunde um mich sein!
Sie sind so fröhlich, sinnlich, drollig.
Ab jetzt heißt die Parole: „Mollig"!
Ein „Ja" zum Fleisch! Bloß Knochen? Nein!

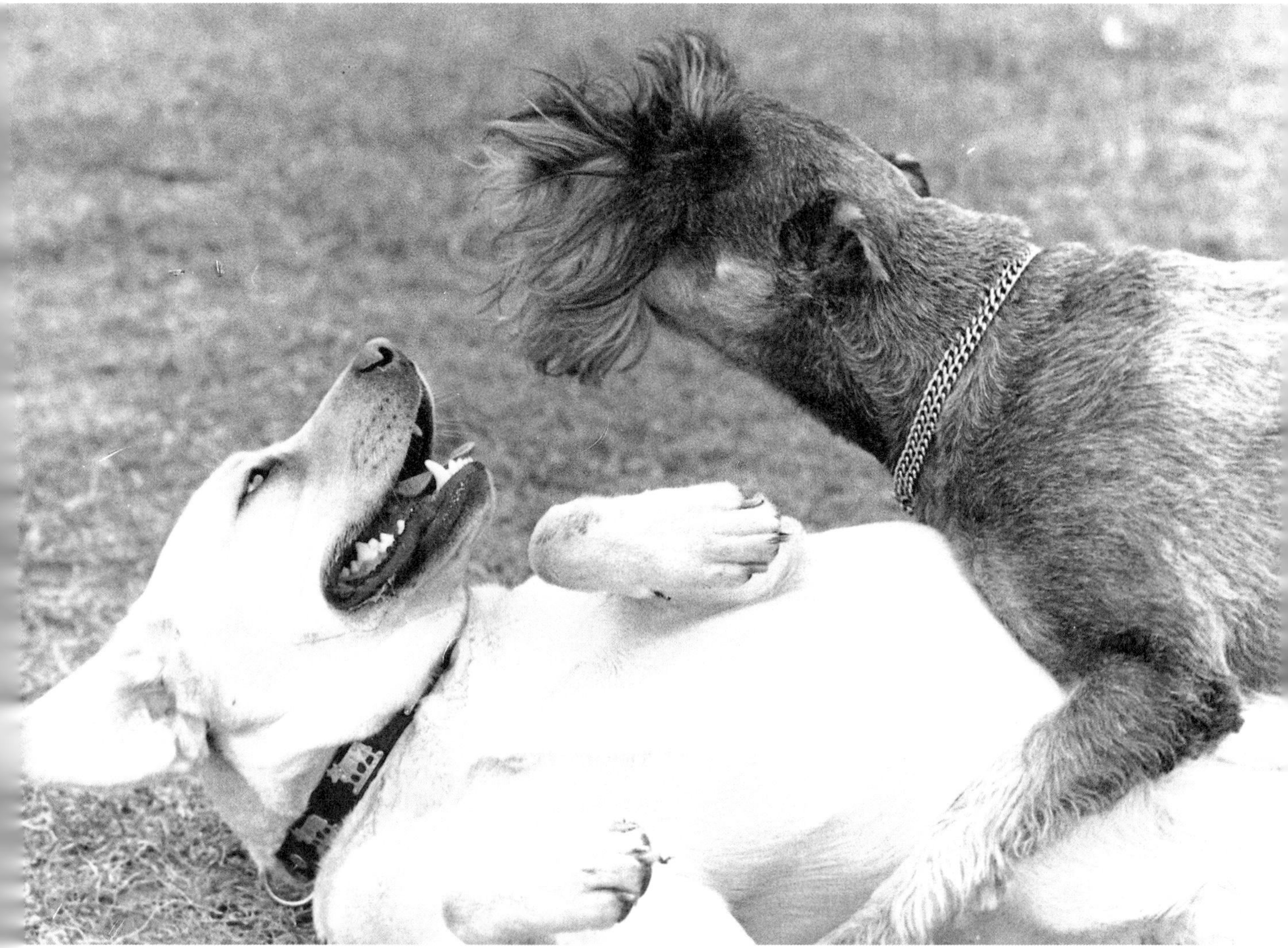

Genetik für Anfänger

Schönes Mädchen mit dem schwarzen Haar,
ach, ich bin total in Dich verschossen.
Küsse mich! Dann sind wir zwei ein Paar
und wir treiben bald noch and're Possen.

Abgemacht: Ich komme Dienstagmorgen
frisch und ausgeschlafen in Dein Haus.
Frauchen muß um zehn etwas besorgen,
wir probier'n derweil Genetik aus.

Gregor Mendel hätte seine Freude!
Sag, wie ist das mit der Dominanz?
Wenn wir Kinder kriegen, wir zwei beide:
Sind die alle schwarz, von Kopf bis Schwanz?

Oder werden nach erfolgtem Teste
ihre kleinen Bärte plötzlich rot?
Oder kriegen sie 'ne weiße Weste?
Ist Dein Gen-Typ heterozygot?

Birgst Du etwa rezessive Mängel?
Laß uns die Allele kombinieren!
Auf, zum Selbstversuch, mein schwarzer Engel!
(Und den Zuchtwart lassen wir rotieren...)

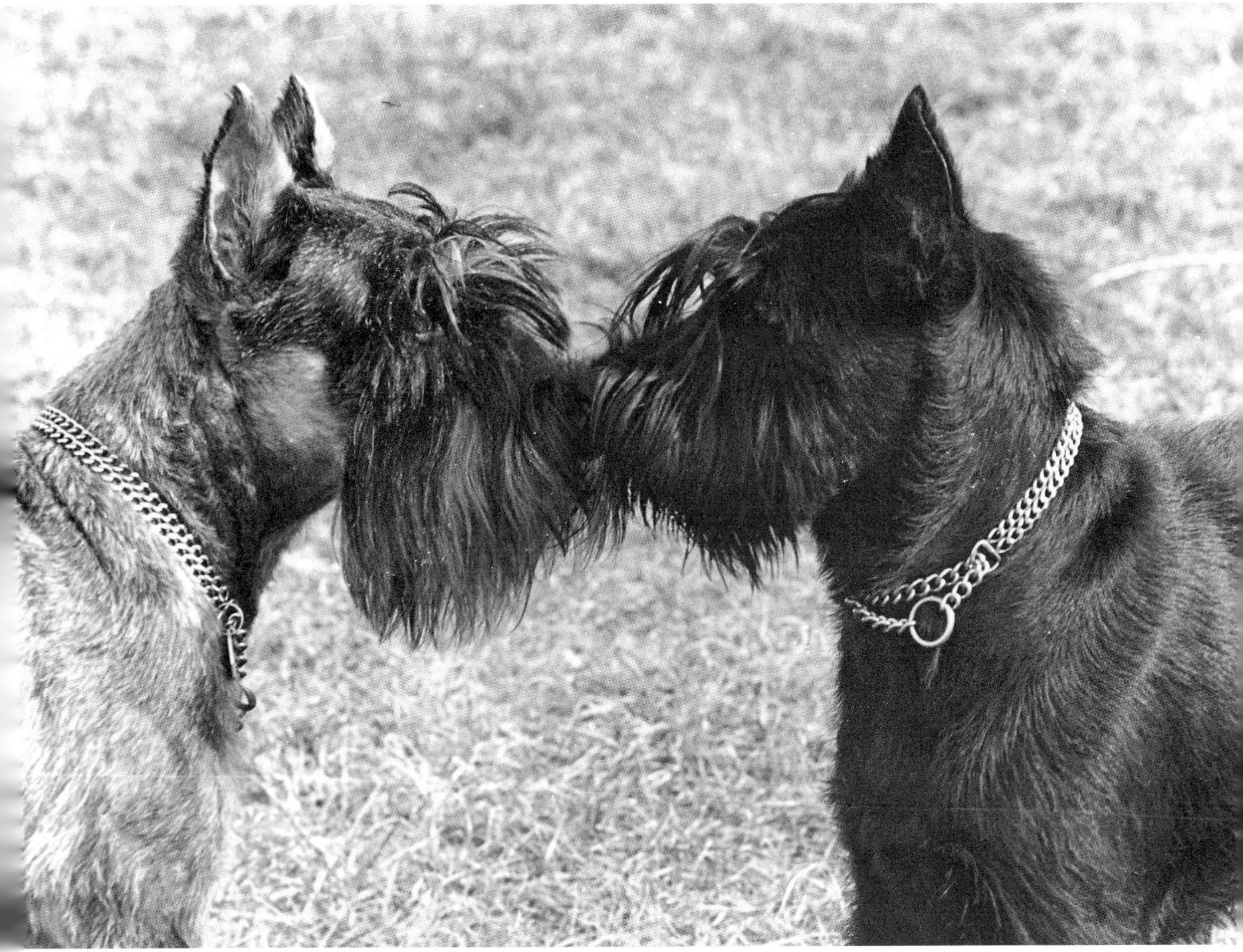

MITTAGSSCHLÄFCHEN

Es gibt nichts Schön'res auf der Welt,
als wenn man mittags, nach dem Essen
bumsdicke satt und vollgefressen
mit „ihr" ein Mittagsschläfchen hält.

Es gluckert tief im Hundebauch,
und leis' kann man sie schnarchen hören.
So ist es schön! Bitte nicht stören!
Ich hab' sie lieb und sie mich auch.

So nah' beisammen träumt sich's gut.
Zwei Flöhe wechseln rasch die Fronten.
(Was jene wohl nicht wissen konnten:
Sie finden beidseits edles Blut!)

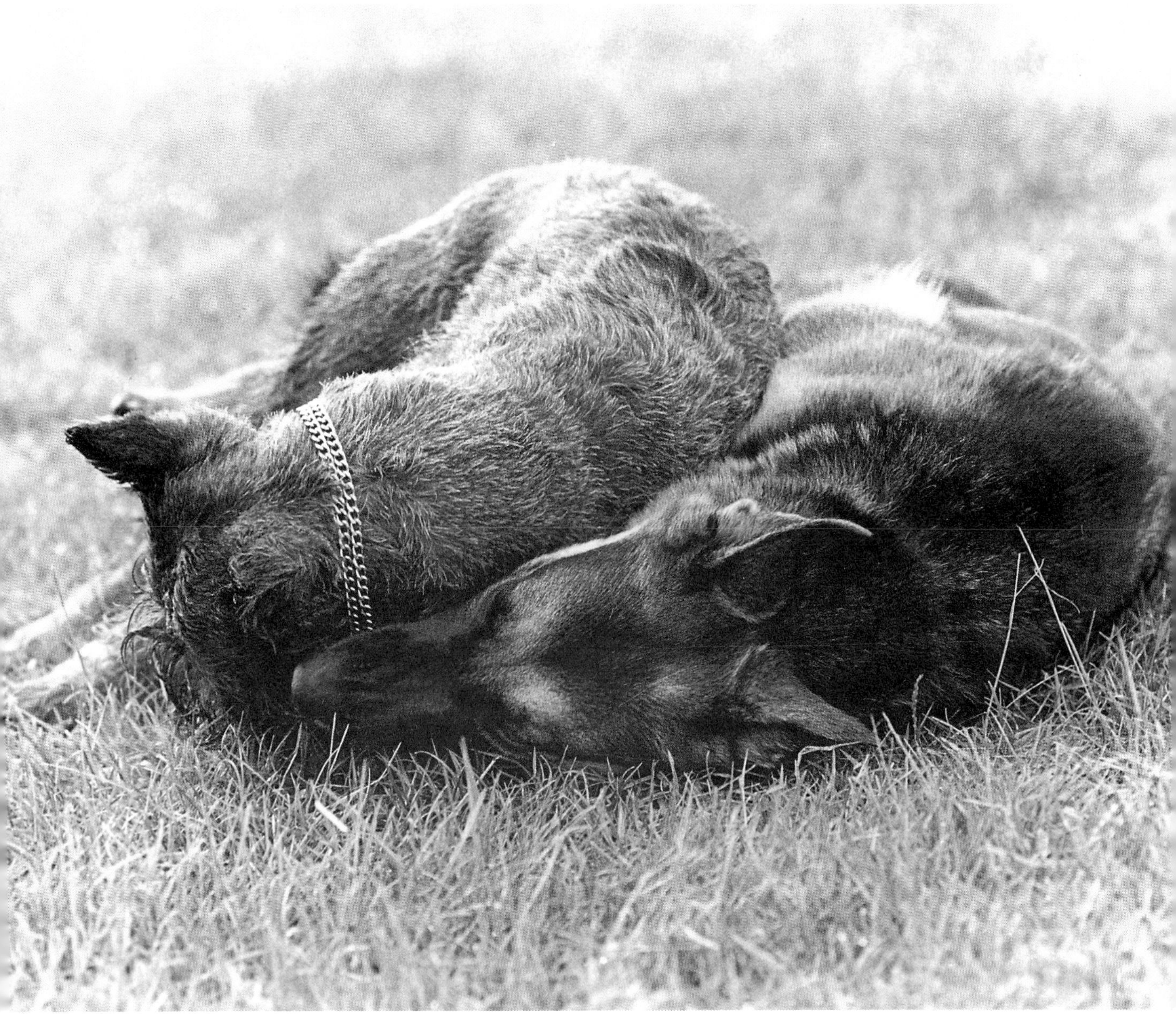

Ein Mädchen geht vorbei

So allein, Du süße Biene?
Nicht so stolz. Bleib' doch mal steh'n!
Warum solche strenge Miene?
Warum willst Du weitergeh'n?

Hallo, Puppe! Du bist Klasse!
Komm doch auf ein Stündchen rein!
Schau uns an: Wir haben Rasse.
Tu doch nicht so schrecklich fein!

Wir sind wesensfest und edel,
finden Deine Kurven toll.
Tritt doch näher, süßes Mädel:
Unser Freßnapf ist noch voll!

Doch sie würdigt keines Blickes
die drei Burschen hinterm Zaun.
„Doofe Zicke! Mastkalb, dickes!"
(So ergeht's den meisten Frau'n...)

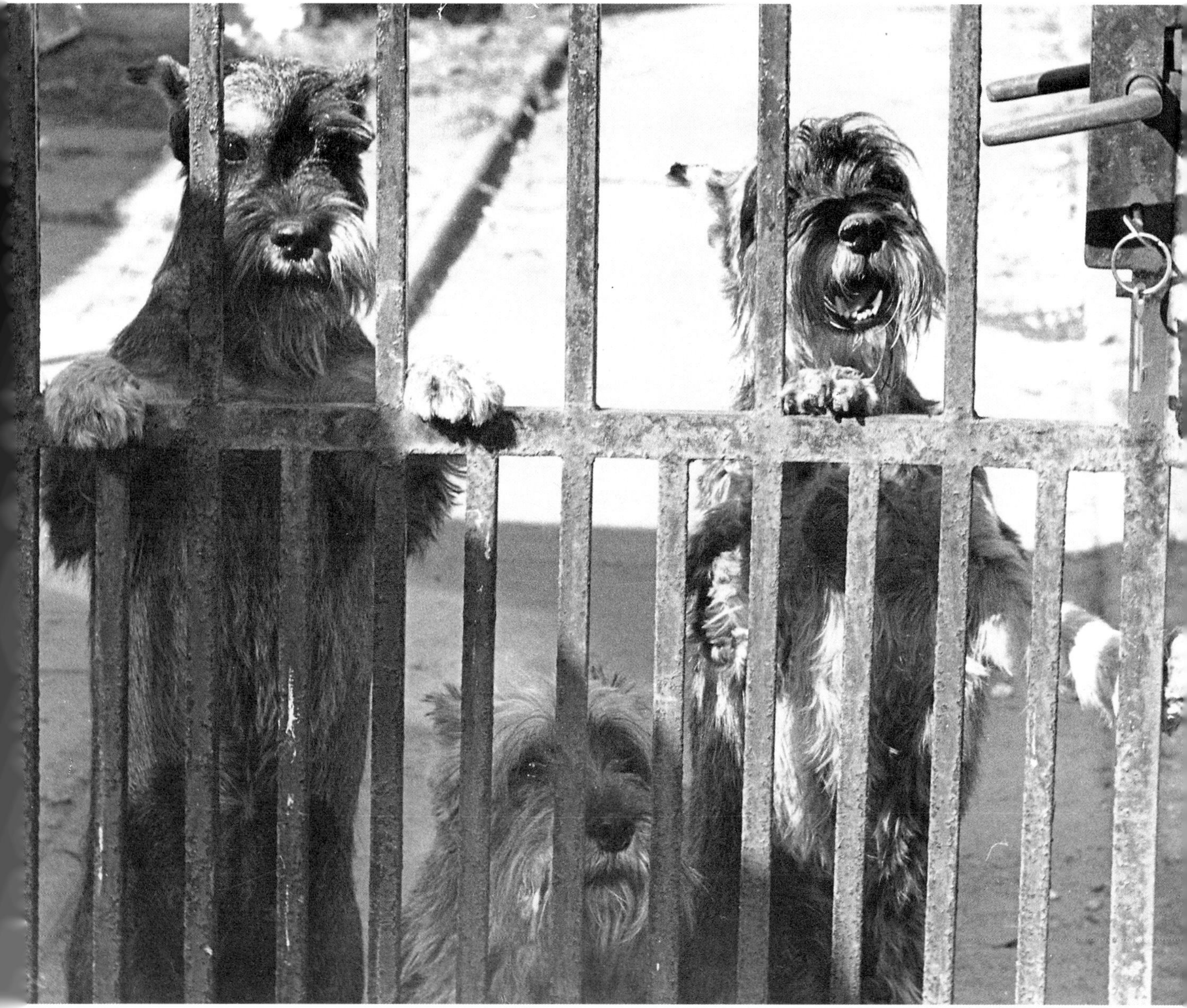

Einsicht

Zwar stehe ich auf große Damen,
doch was zuviel ist, ist zuviel!
Wer zählt die Völker, nennt die Namen,
die grauenvoll ums Leben kamen
beim zügellosen Liebesspiel?!

Ich ziehe mich aus der Affäre,
denn hier hört das Vergnügen auf.
Und wenn sie noch so reizvoll wäre –
ich passe. Fertig. Schluß. Auf Ehre.
(Denkt nur, sie fiele auf mich drauf!)

Heut' werde ich rein gar nichts wagen,
und tut sie noch so sehr verliebt.
Ein Rat für alle Lebenslagen:
Die Kunst, auch einmal „nein" zu sagen,
wird viel zu selten ausgeübt.

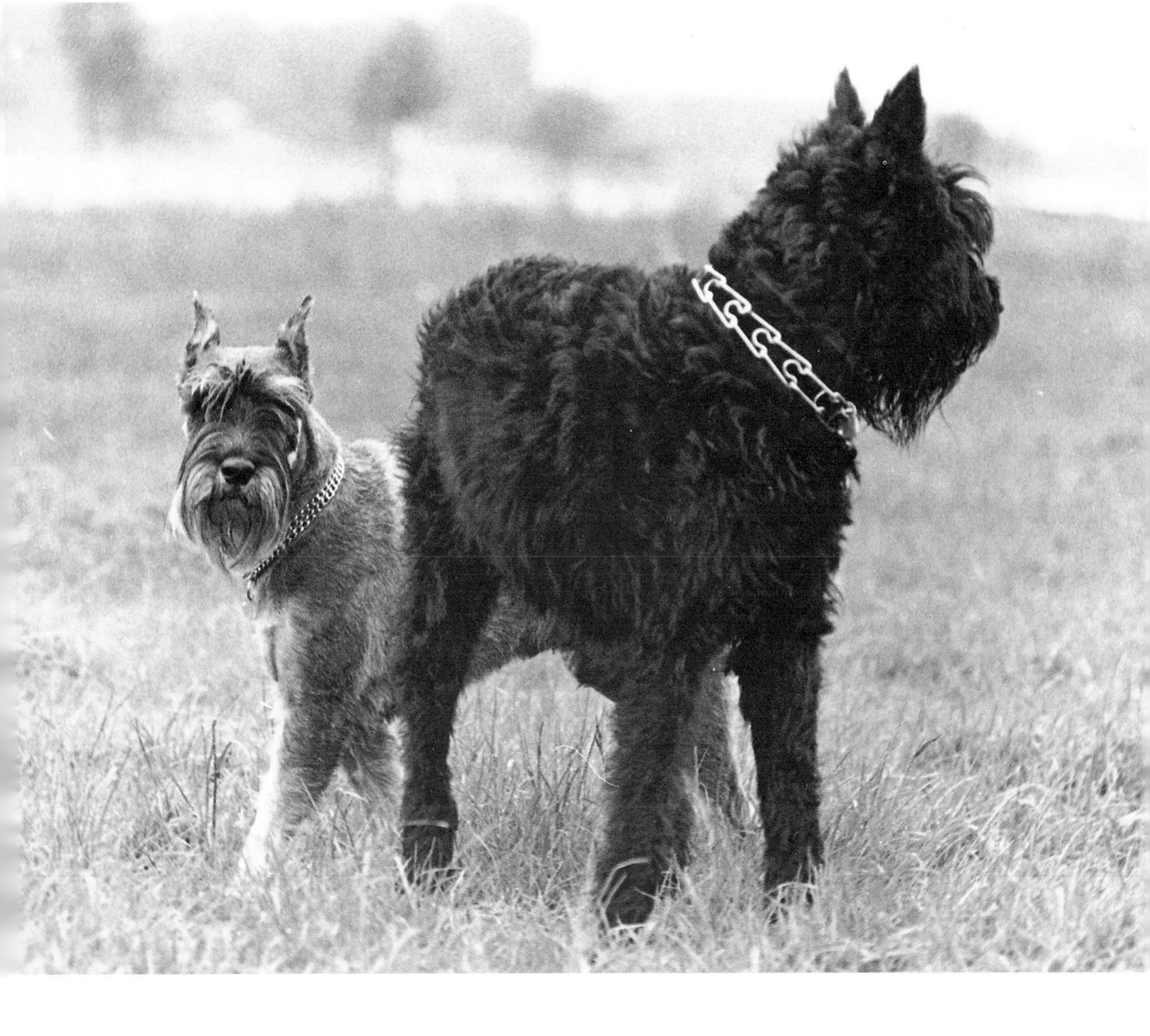

DER ÜBERREDUNGSKÜNSTLER

Ich kann's an Ihren Ohren sehen:
Madame, Sie sind nicht abgeneigt...
Da wird ein jeder wohl verstehen,
daß mir das Blut zu Kopfe steigt.

Unschlüssig lüpfen Sie die Pfote
und wenden schüchtern Ihr Gesicht.
Was tut's, daß Herrchen neulich drohte.
(Der gute Mann, er sieht's ja nicht!)

He, Puppe! Schluß jetzt mit dem Zieren!
Wir schließen froh den Ehebund.
Wer liebt, der darf auch was riskieren:
Und unser Sohn wird

S c h n ä f e r h u n d !!!

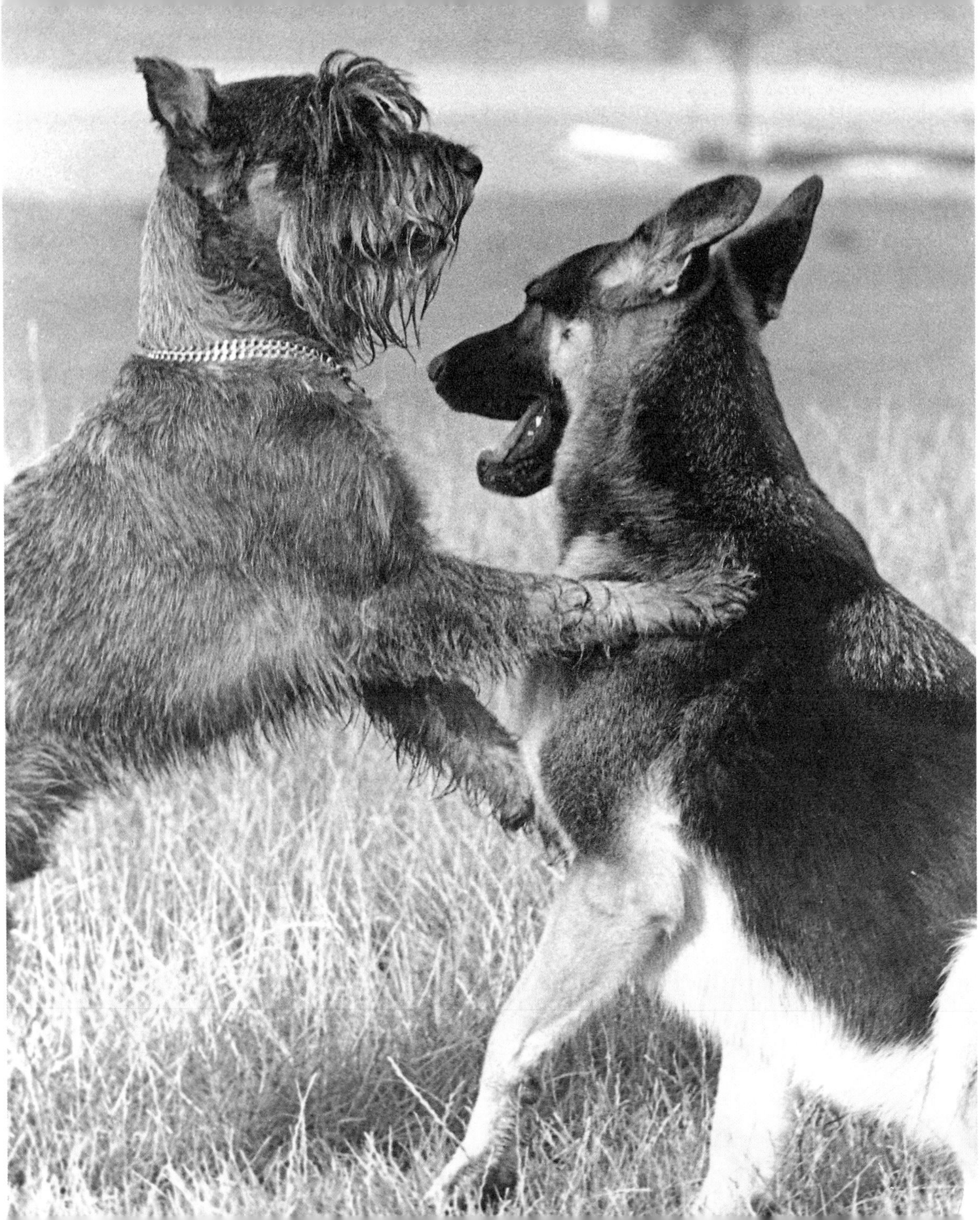

Der Troubadour

Ach, Liebste in der vierzehnten Etage,
komm' runter und erhöre hold mein Fleh'n!
Daß Du im Hochhaus wohnst, bringt mich in Rage.
Der Hauswart trat nach mir! Welche Blamage!
Oh, schöne Susi, wann werd' ich Dich seh'n?

Ich will Dich lebenslang auf Pfoten tragen.
(Da Du ein Yorkie bist, ist das nicht schwer.)
Ich würd' mich Deinetwegen mit dem Nero schlagen.
Wir könnten Eltern sein, mit fünf, sechs Blagen!
Und noch nach Jahren liebten wir uns sehr.

Was Rex betrifft (den Dobermann, den frechen):
Benimmt der sich nochmal so ungehemmt,
werd' ich dem Burschen alle Knochen brechen.
Und, Liebste, eines kann ich Dir versprechen:
Noch heute abend wird mein Bart gekämmt!

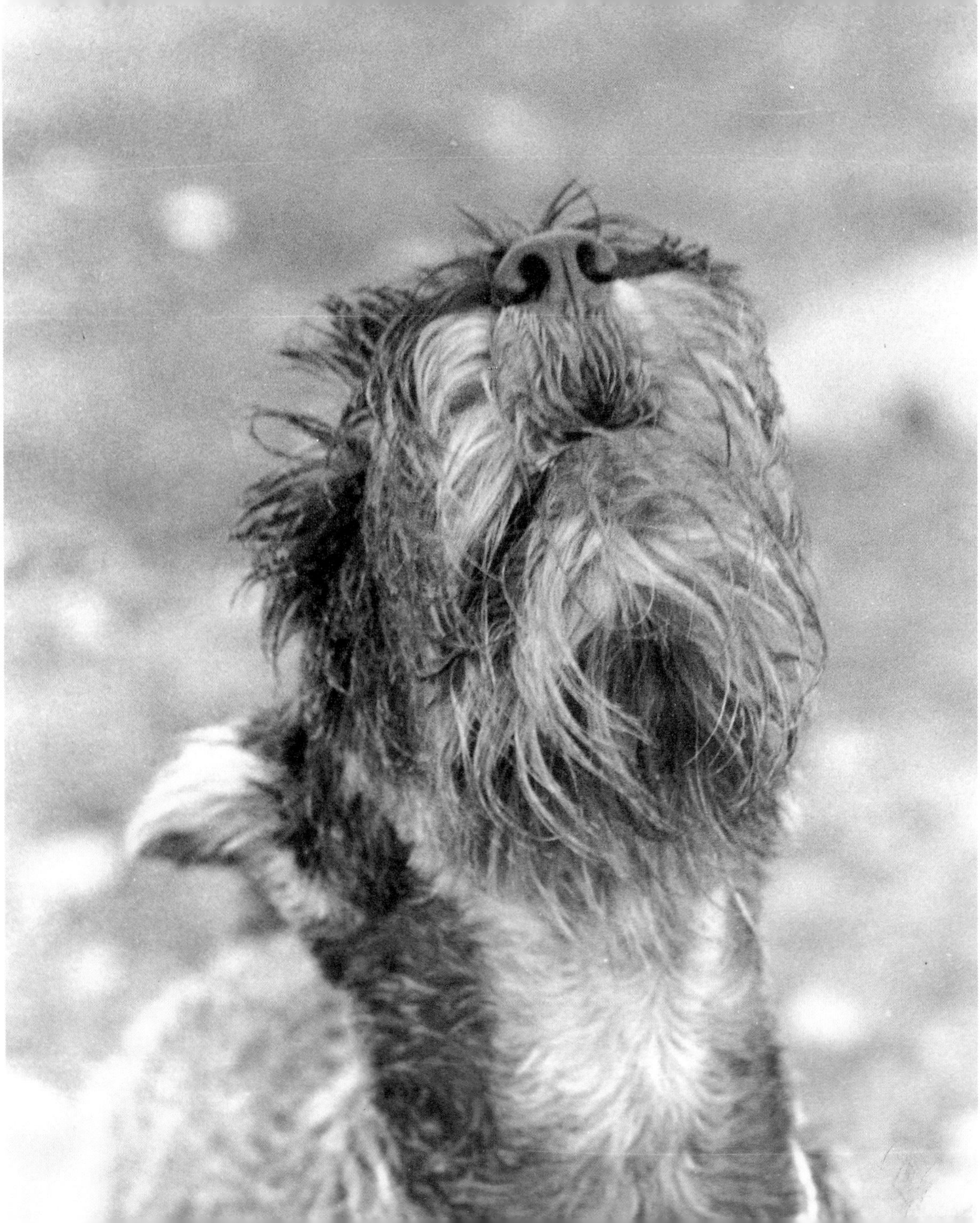

DER CHAUVI

Die jungen Mädchen heutzutage
geh'n ran, als kriegten sie's bezahlt.
's ist kein Geheimnis, wenn ich sage:
Die Weiber werden schlicht zur Plage.
Wo bleiben Sittsamkeit und Halt?

Ich hab' was gegen die Emanzen,
will selber Initiator sein!
Ich lieb' im Großen und im Ganzen
die Schüchternen, die sich verschanzen,
die braven Mäuschen, doof und klein.

Ich schätz' die demutsvolle Milde.
Mein Wahlspruch heißt: Der Mann sei Zar!
Doch seht: das Flittchen auf dem Bilde,
es warf mich um! Wie eine Wilde!!
Ach, wär's doch so, wie's früher war!!!

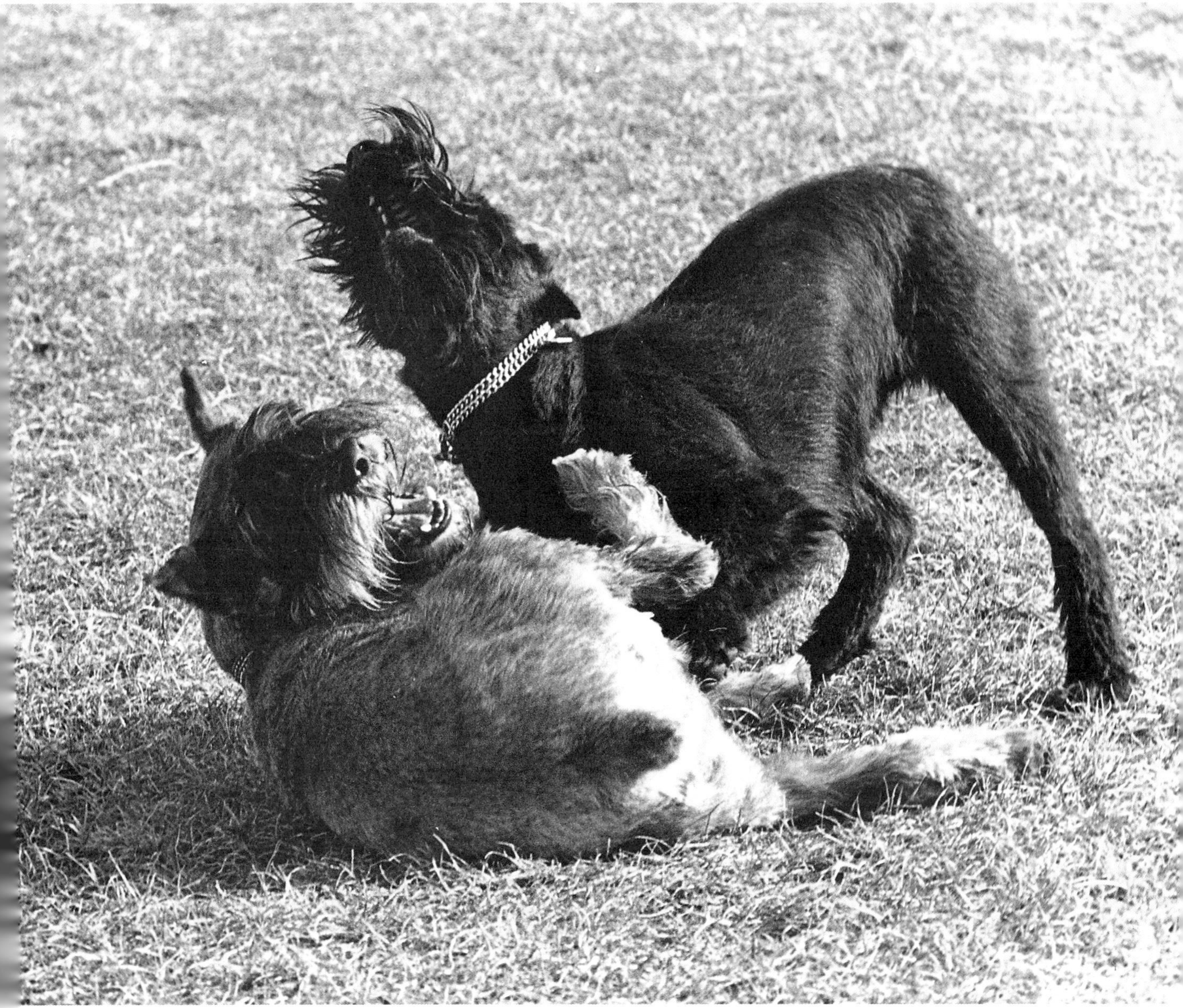

WILDE SPIELE

Verflixt, das war ein tolles Weib!
Und gar kein bißchen prüde!
Wie herrlich war der Zeitvertreib
mit Spielen, frei nach Pfarrer Kneipp.
Wir wurden fast nicht müde.

Wir tobten durch den kalten Bach
und kugelten im Sande.
Sie sprang mich an, und ich lag flach.
Wie unermüdlich war sie, ach,
zu Wasser und zu Lande...

Rassisten sei hier garantiert
(die andernfalls sich grämten):
So wild wir uns auch amüsiert,
es ist – auf Ehre! – nichts passiert,
weswegen wir uns schämten...

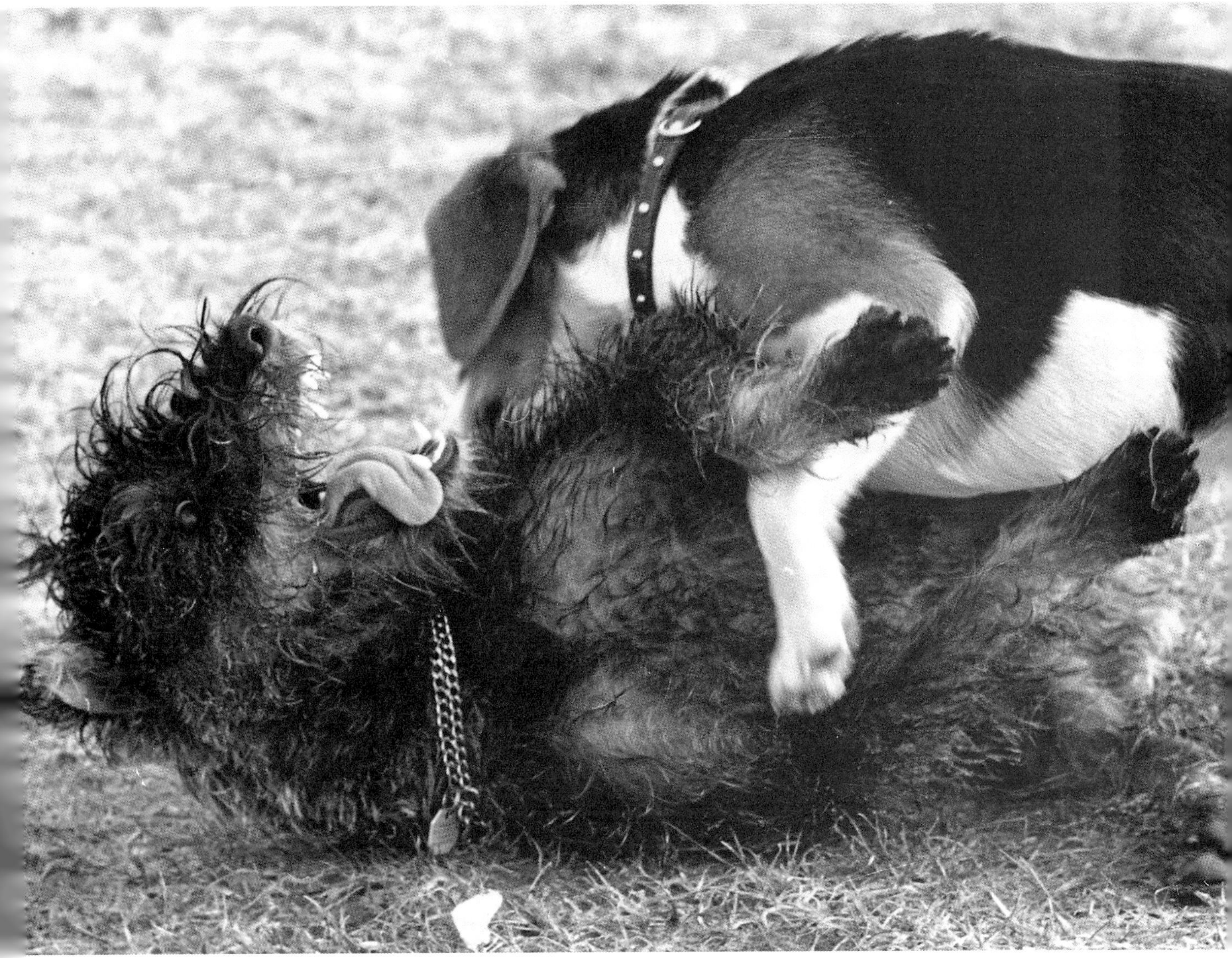

IV. Zu Hause und anderswo

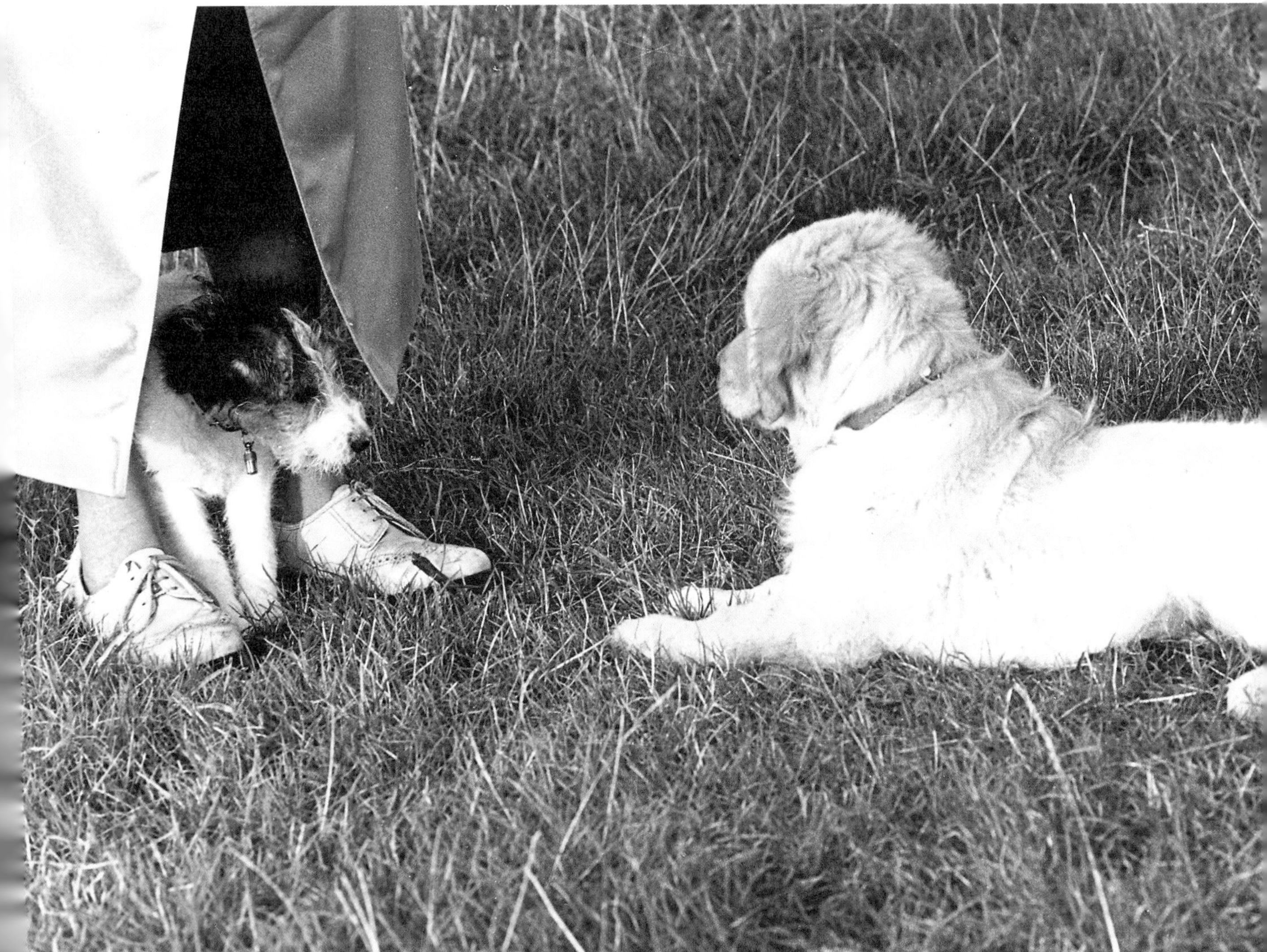

Der Verlassene

Der Menschheit ist nicht mehr zu trauen –
Verzweiflung packt mich armes Tier:
Sie sind geschlossen abgehauen
und ließen mich alleine hier!

Was denken sie sich bloß, die Leute?
Ich schmachte hier auf dem Balkon
und sehne mich nach meiner Meute
und wein' seit einer Stunde schon.

Die Wehmut sitzt in allen Winkeln.
Ich schwanke noch, des Grames voll,
ob ich die neue Couch bepinkeln
oder gar Selbstmord machen soll.

Ein winzig kleiner Hoffnungsfunke
bewahrt mich vor dem letzten Schritt:
Vielleicht sind sie beim Metzger Klunke
und bringen mir was Feines mit...?!

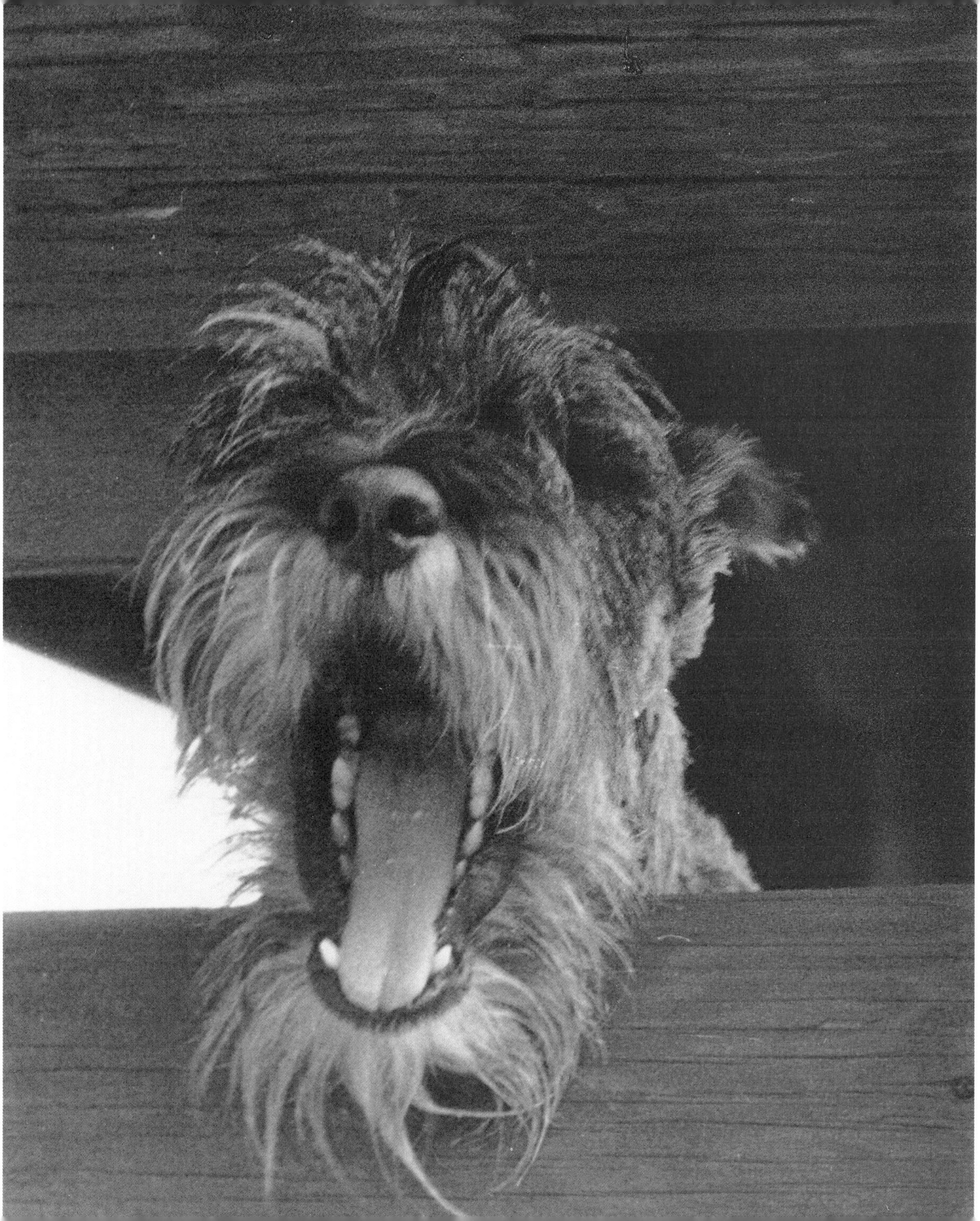

DER WEG ZUM DOKTOR

... und als ich hörte: „Heute impfen",
begann für mich die Leidenszeit.
Jetzt kann er betteln, flehen, schimpfen:
Ich gehe keinen Meter weit!

Und wenn er meint, es muß geschehen,
so trage er die holde Last.
Mit mir der Pein ins Auge sehen
soll er, auch wenn es ihm nicht paßt.

Ach, ist der Gang zum Tierarzt eklig!
Man höhnt, daß ich ein Feigling sei.
Drum mach' ich mich so schwer wie möglich.
Das ist der Fluch der Tyrannei.

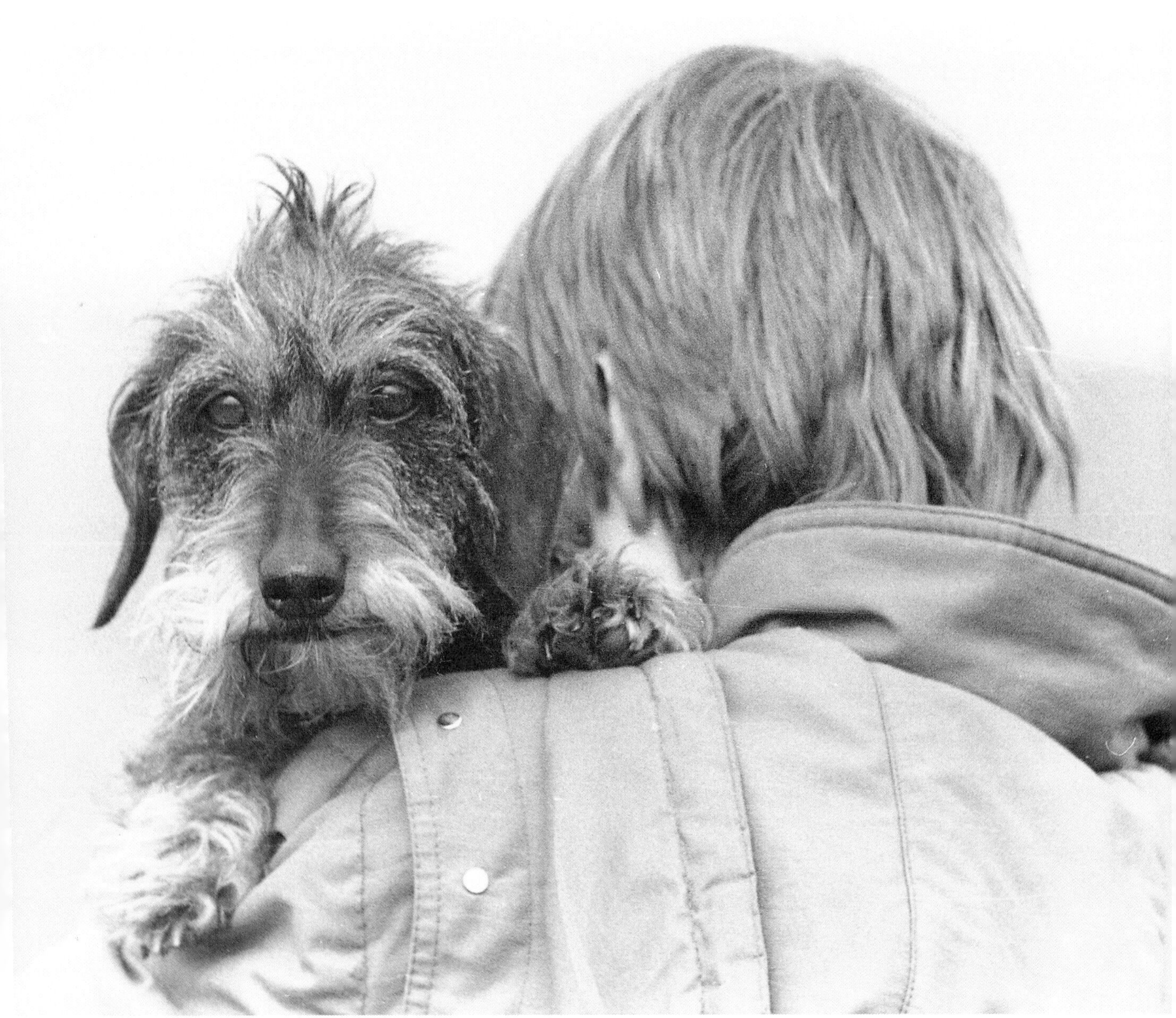

Jeder darf mal...

Auch ein braver Schnauzerhund
darf mal mit dem Schluppen spielen.
Herrchen darf mal saufen und
mal nach netten Mädchen schielen.

Frauchen darf mal beim Frisör
hundertfünfzig Mark verprassen.
Und der Klaus darf (so meint er)
Anna um die Taille fassen.

Fritz, der Jüngste, darf sogar
Nachbars rote Äpfel klauen,
und sein Bruder darf – na klar –
Rolf, den Petzer, schwer verhauen.

Opa darf mal, ab und zu,
viel zu starken Tobak rauchen.
Und die Oma darf partout
auch mal'n schlimmes Wort gebrauchen.

Jeder darf mal. Toleranz
wollen wir beizeiten üben
und trotz seiner Fehler ganz
kräftig unsern Nächsten lieben!

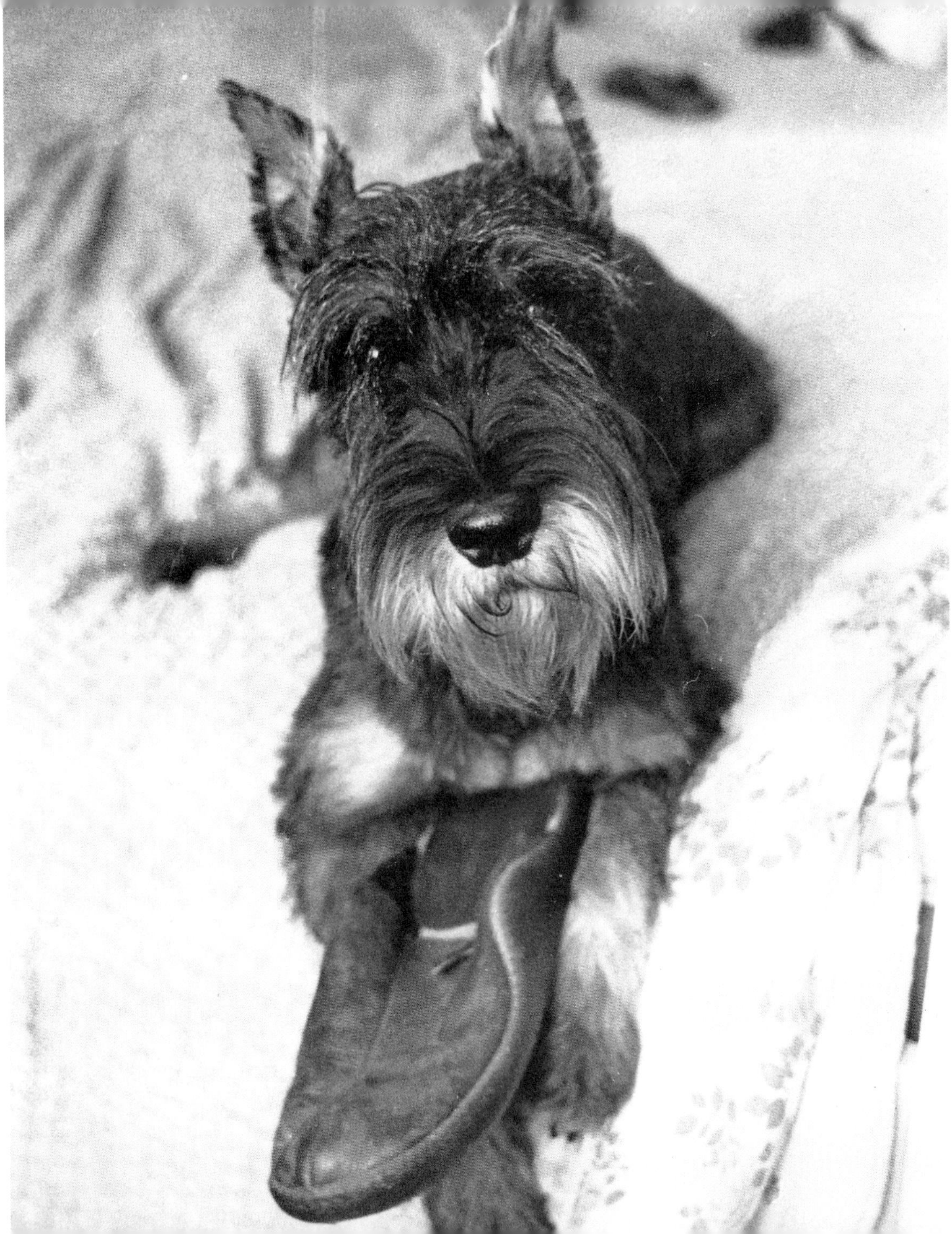

Ein Lied

Immer, wenn die Glocken läuten,
ist nach Singen uns zumut.
Wenn auch manche Hundemeuten
dies als „spießig" klar mißdeuten:
Uns tut Singen einfach gut!

Immer, wenn der Streifenwagen
mit Sirene Vollgas gibt,
möchten wir ein Liedlein wagen
und es musikalisch sagen,
was der Hund fühlt, wenn er liebt.

Immer, wenn das Rock-Gedröhne
brüllend aus den Boxen pufft,
finden wir die wahren Töne,
setzen lyrisch uns in Szene:
's ist der Ur, der aus uns ruft.

Immer, wenn der Rasenmäher
jaulend seine Runden dreht,
wird der Drang zum Sange jäher,
rücken wir der Muse näher,
schmettern froh, so laut es geht.

Und behält das Kind im Manne
wieder mal die Oberhand:
Herrchen in der Badewanne
singen – und zwar volle Kanne! –
wir noch immer an die Wand!

83

Der Sommer ist vorbei

Mit Willy in der Sommerwiese –
o, wundervolle Jahreszeit!
Blau war der Himmel, lau die Brise.
Jetzt wird es Herbst. Es ist soweit.

Mit Willy zwischen Gras und Mohn –
da tobt' ich mit dem kleinen Knaben.
Ich hab' paar Mäuse ausgegraben.
Das Beet war hin. Was tat das schon.

Mit Willy, voller Dreck und Kletten,
am Bach. Wir spielten „Krokodil".
Ach, was sind Fernseh'n und Kassetten
verglichen mit Geländespiel!

Mit Willy in der Phlox-Rabatte –
da lebten wir in Saus und Braus.
(Und wer die Wurst gestohlen hatte,
das kriegte niemand je heraus!)

Mit Willy in dem Blumengarten –
die Margerite strahlt' im Licht.
Bald werden wir auf Sonne warten.
Der Herbst ist da. Wir ändern's nicht.

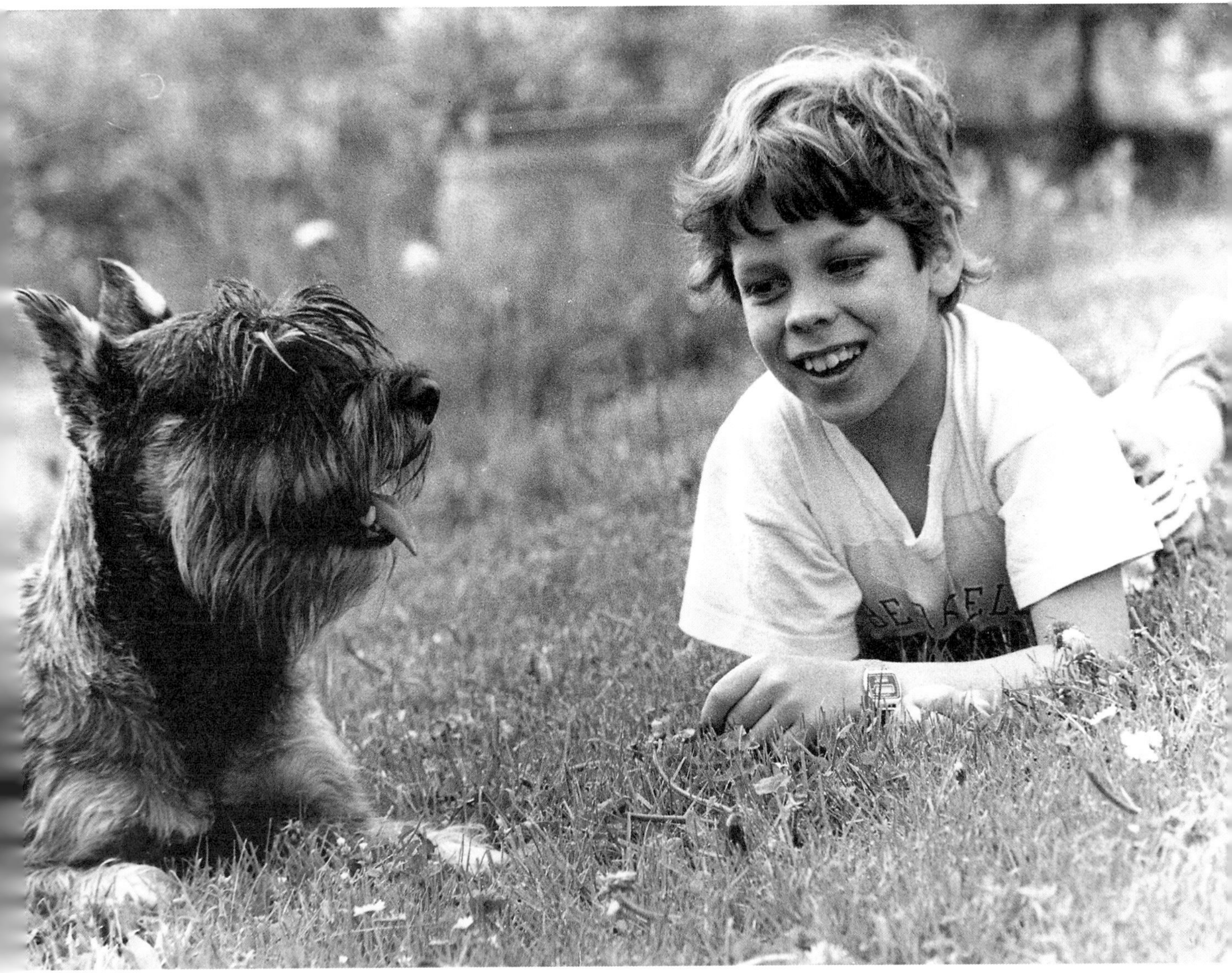

Beim Zahnarzt

vorher:

Mein Freund, es tut mir schrecklich leid –
Dein Status ist ein Graus!
Die große Zange liegt bereit,
es wird die allerhöchste Zeit:
Sechs Zähne müssen raus.

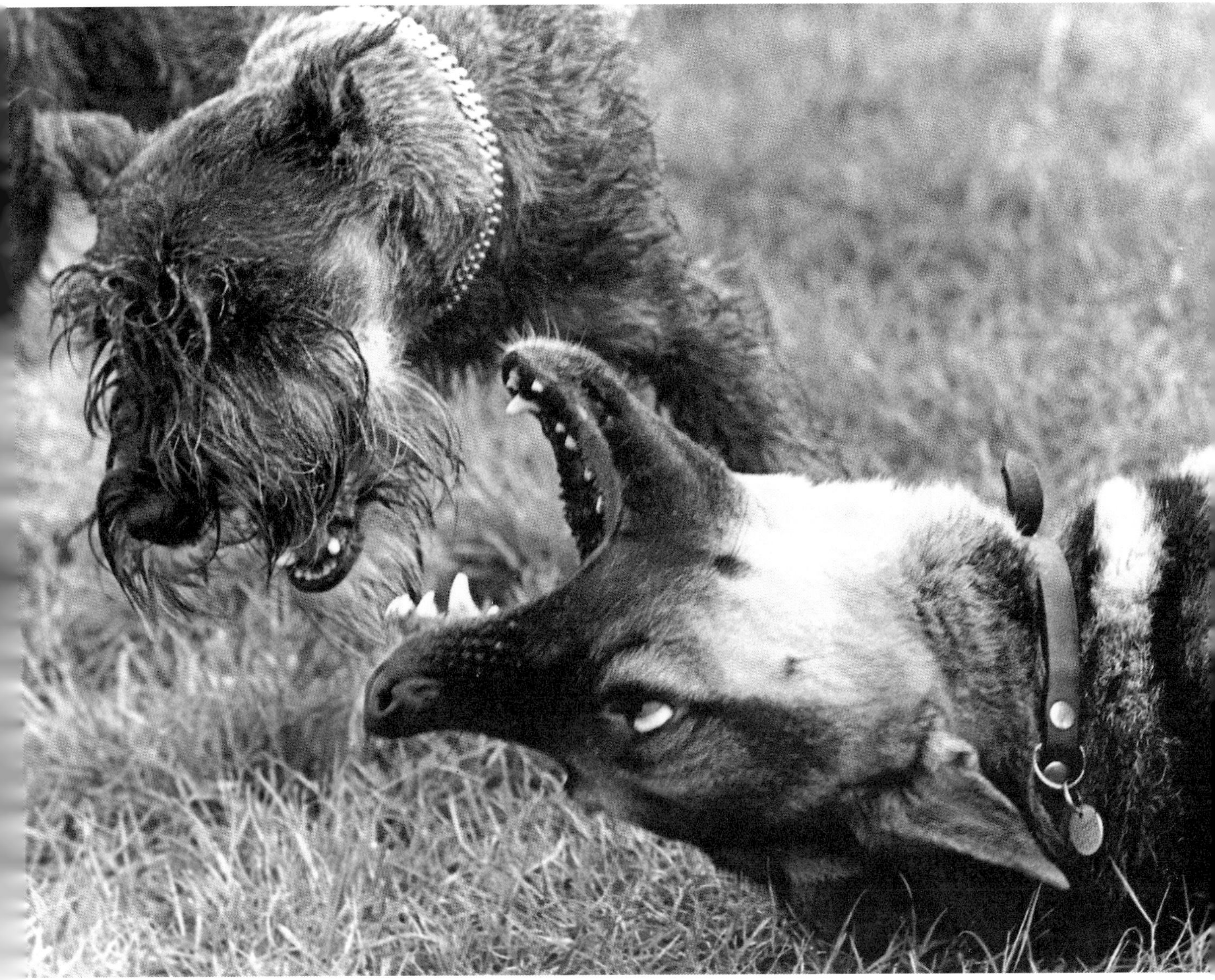

nachher:

Vorbei. Caninus und Molar
war'n ganz und gar verrostet.
Du sagst, der Schmerz sei schauderbar?
Es kommt noch schlimmer: Ist Dir klar,
was die Prothese kostet...?

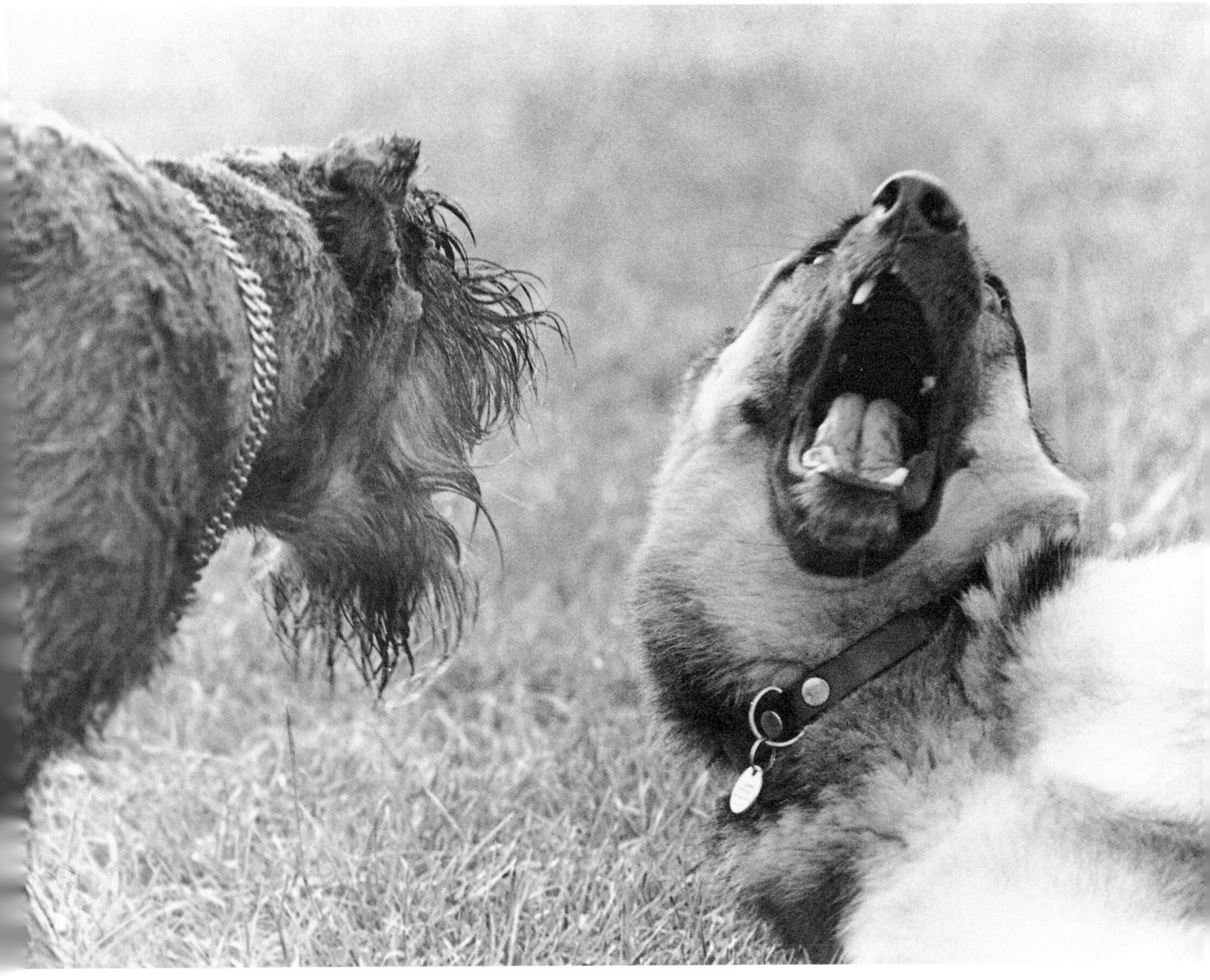

Advents-Solo für eine Schnauzerstimme

Morgen kommt der Weihnachtsmann,
kommt mit seinen Gaben.
Zwölf Pfund Gulasch, unverpackt,
dicken Knochen, der fein knackt,
Hot dogs und kein Teletakt
möcht' ich gerne haben!

Morgen kommt der Weihnachtsmann,
kommt mit seinen Gaben.
Langen Ausflug über Land,
Großeinkauf am Würstchenstand,
Freiheit und kein Stachelband
möcht' ich gerne haben.

Morgen kommt der Weihnachtsmann,
kommt mit seinen Gaben.
Süße Plätzchen und Makron,
Urlaub ohne Tierpension,
von der Senta einen Sohn
möcht' ich gerne haben!

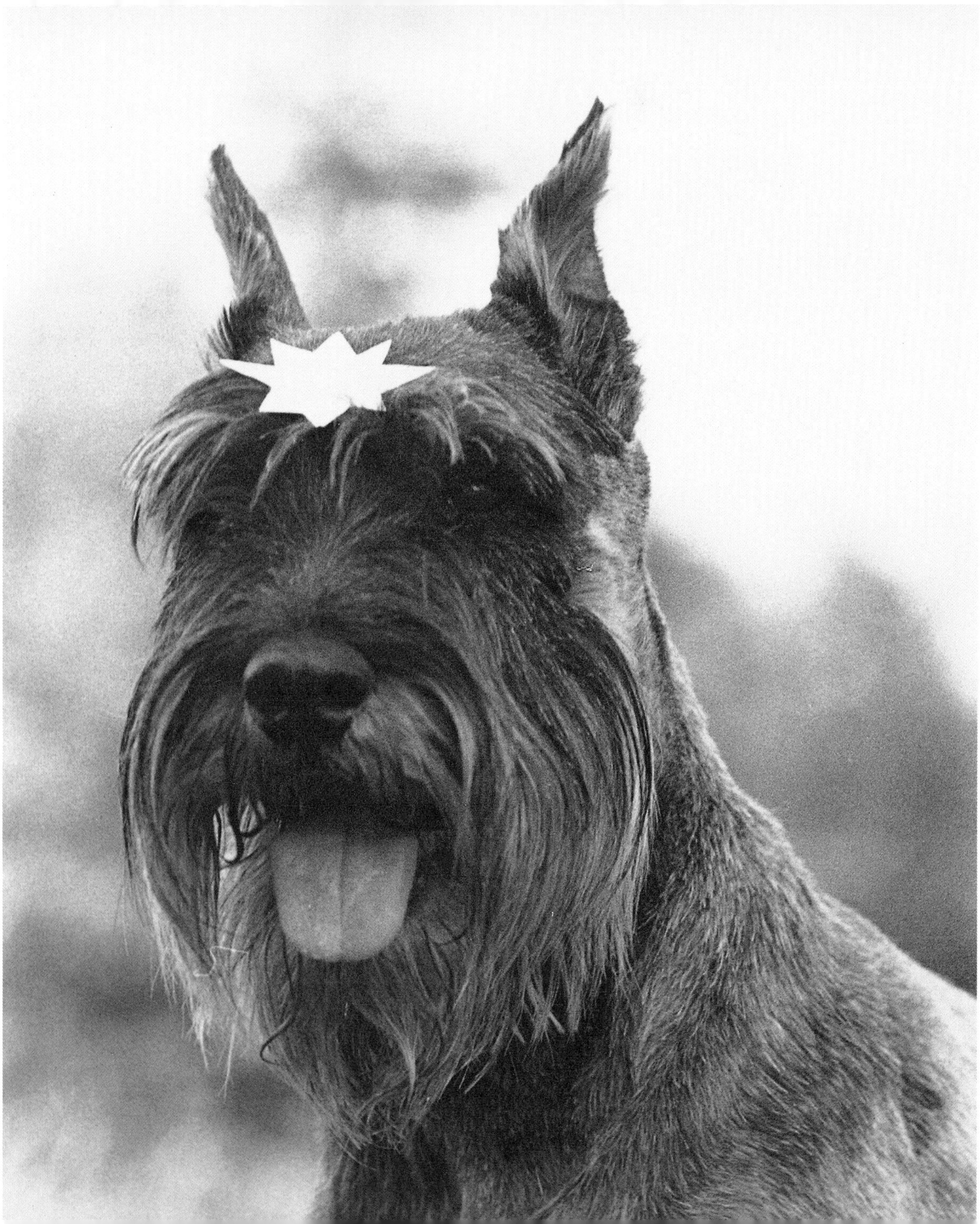

Das Komplott

Ich seh' etwas, was Ihr nicht seht –
nun dreht Euch bloß nicht um!
Dort hinten in der Küche steht
ein Topf mit Fleisch herum.

Wir tun, als ob rein gar nichts wär'
und schlagen blitzschnell zu.
In drei Sekunden ungefähr
da landen wir den Coup!

Die Strategie ist ausgefeilt,
die Wirkung fürchterlich.
Zum Schluß wird ehrlich aufgeteilt.
Das größte Stück krieg' ich!

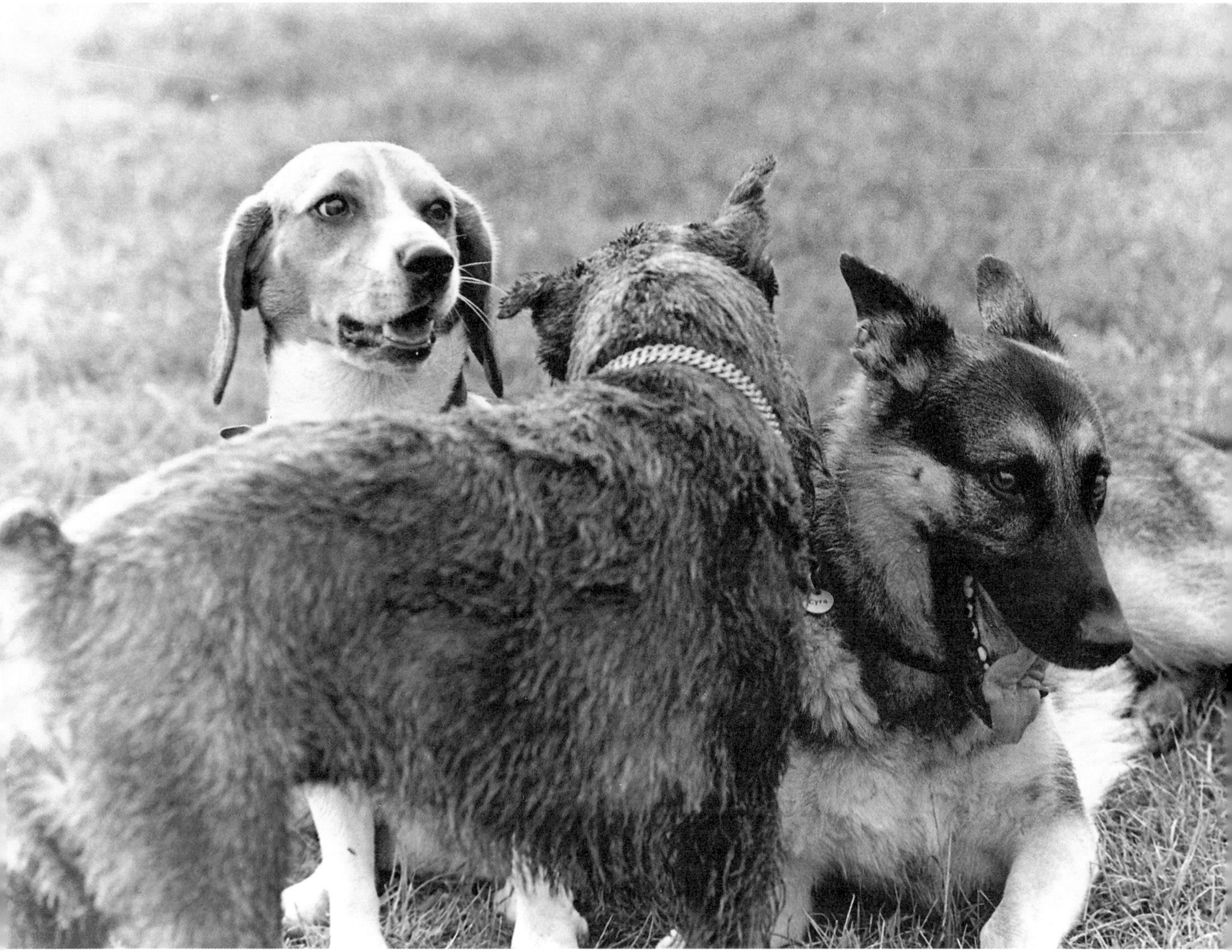

KOHLDAMPF

Wann gibt's hier endlich was zu essen?
Es ist beinahe vierzehn Uhr!
Man hat uns wohl total vergessen?
Die Küche schaltet frech auf „stur".

Wir kriegen Halluzinationen,
der Magen hängt uns bis zum Knie.
Uns quälen Gulasch-Visionen.
Es schwinden Kraft und Energie.

Die Zunge quillt. Die Speicheldrüse
erfüllt ein wahres Übersoll.
Man kommt! Ha! Rindfleisch mit Gemüse!!!
Jetzt hau'n wir uns den Ranzen voll!

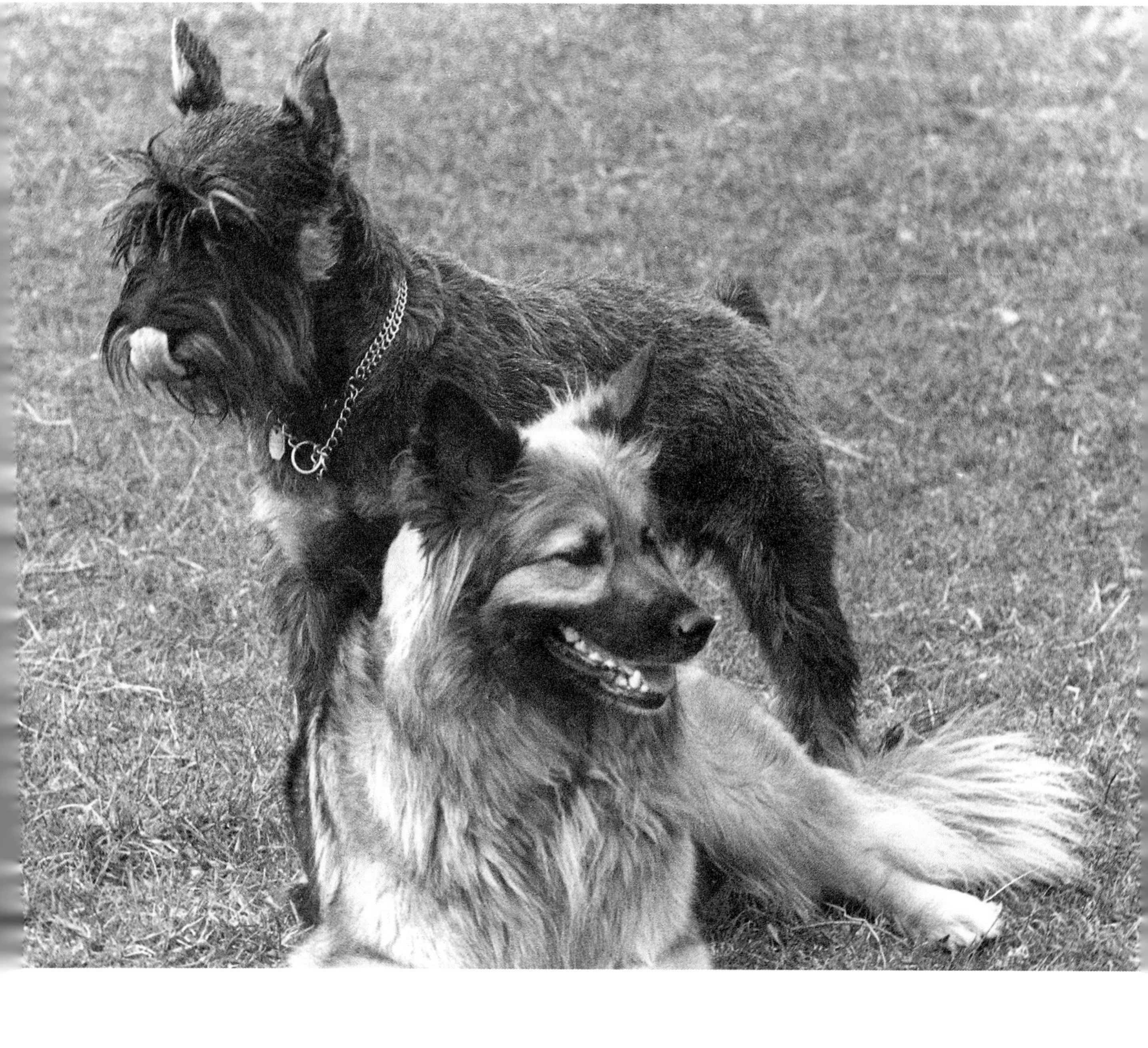

HITPARADE

Wau, wau, wau!
Wir sind die große Schau
auf neuer deutscher Welle,
null Text und viel Gebelle,
Hauptsache ist: Radau.
Wau, wau, wau!

Jaul, jaul, jaul!
Wir singen, gar nicht faul,
meist laut und selten leiser
ganz ohne Synthesizer –
wozu hat man sein Maul?
Jaul, jaul, jaul!

Heul, heul, heul!
Wir zwei sind Spitze, weil
wir so schön plärren können.
Und uns're Fans, die nennen
uns „superaffengeil".
Heul, heul, heul!

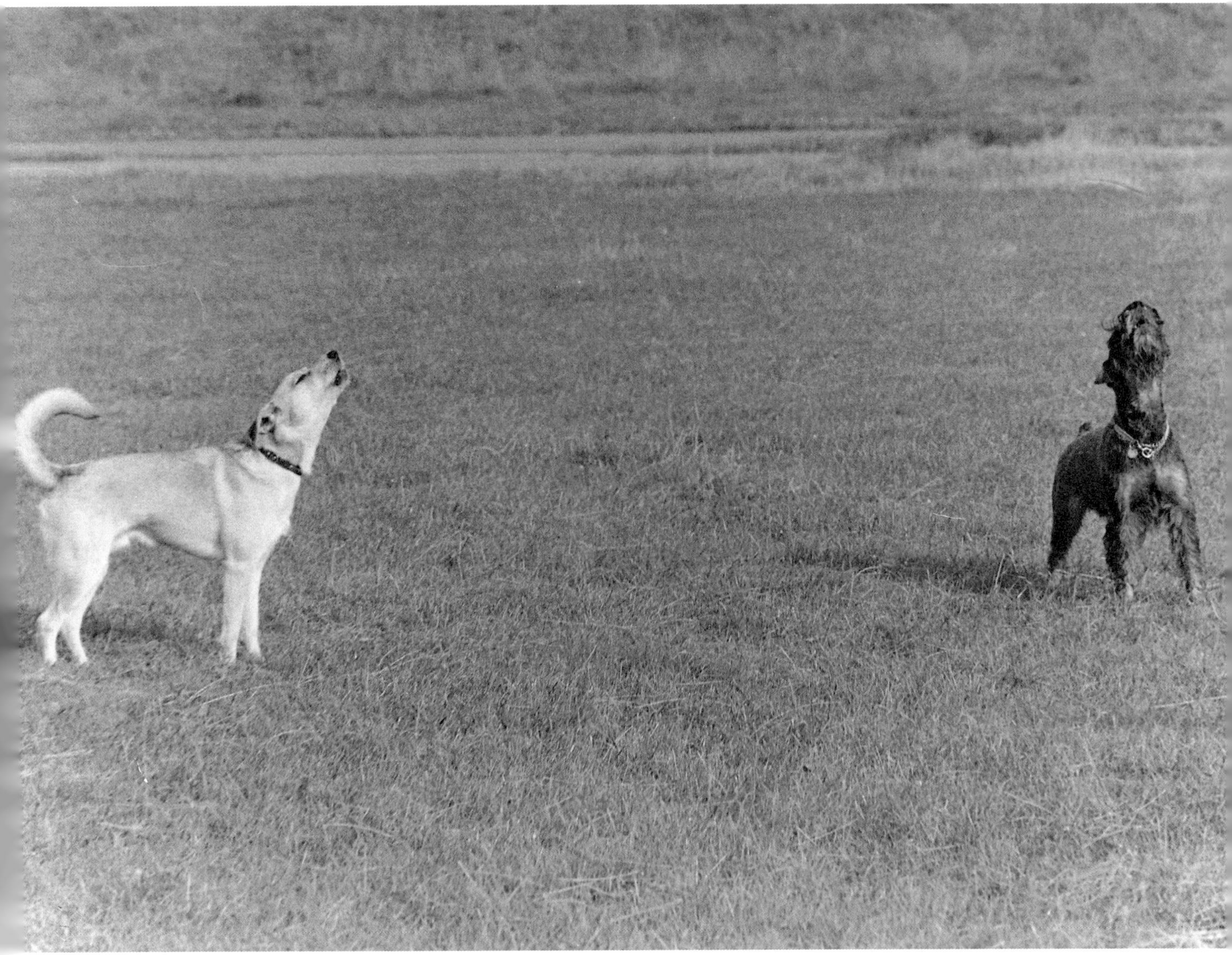

Im Lotterbett

Verdammt! Die süße Ruh' ist aus.
Lebt wohl, Ihr daunenzarten Kissen!
Ich werd' à tempo weichen müssen:
Die Hausfrau naht und schmeißt mich raus.

Hier werde ich konstant gefeuert!
Kann jemand gute Gründe nennen,
warum im Bett nur Menschen pennen?
Das ist doch absolut bescheuert!

Ich könnte nie so grausam sein!
Nie würd' ich derart streng verfügen.
In m e i n e m Korb darf j e d e r liegen!
(Bloß: Frauchen paßt partout nicht rein...)

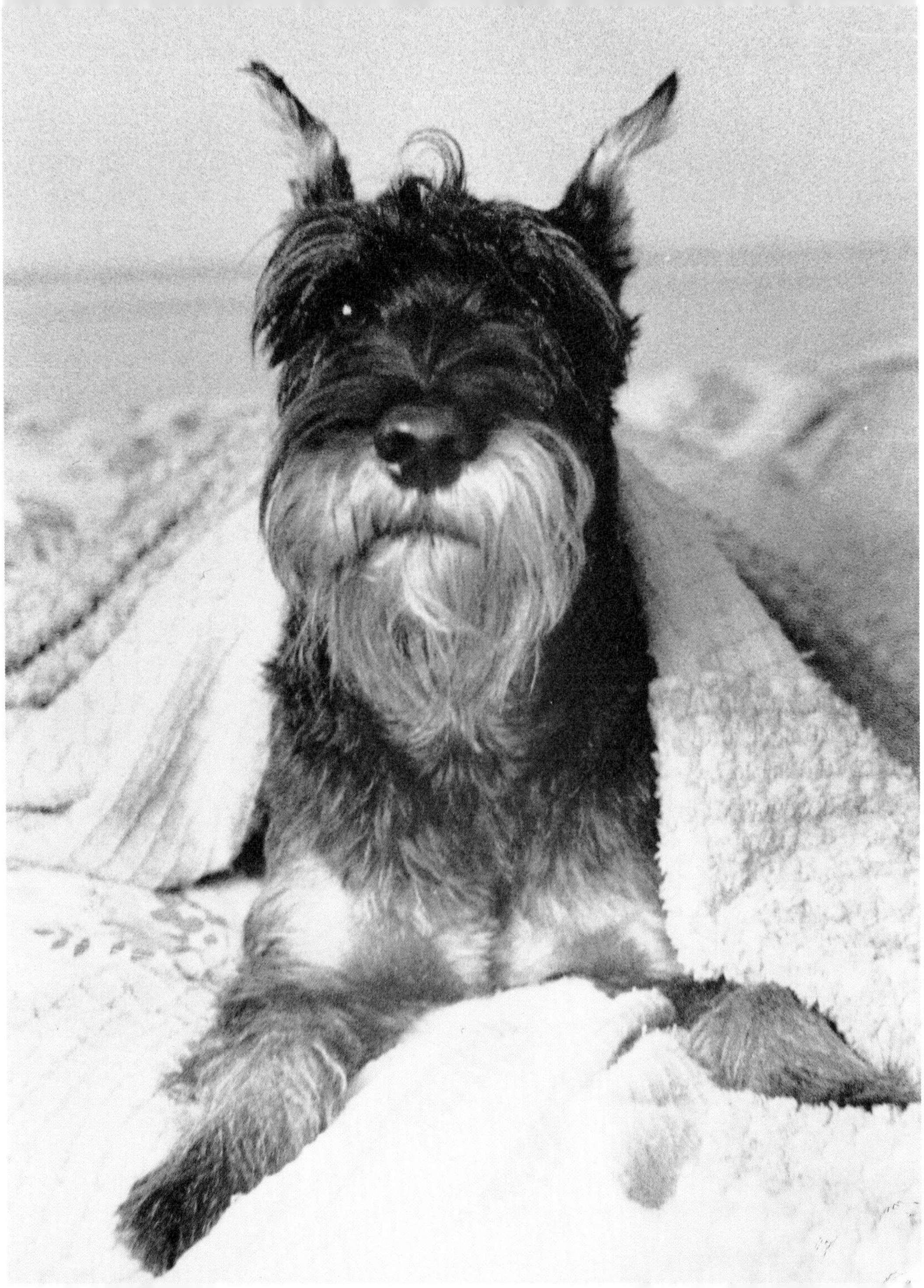

ROSENMONTAG

Mit unsereins kann man's ja machen.
Ach – hilflos ist die Kreatur!
Darüber kann ich gar nicht lachen
und schalte bestenfalls auf stur.

Hier wird der liebste Schnauzer böse:
Sektkorken knall'n. Die Ruh' ist hin.
Ich leide unter dem Getöse,
weil ich doch gar nicht schußfest bin.

Das Frauchen kenn' ich kaum noch wieder:
Sie sagt „helau" statt „braver Hund".
Mein Herrchen singt ganz doofe Lieder
und riecht so seltsam aus dem Mund.

Die Gäste würd' ich gerne beißen!
Die Albernheit ist schauderbar.
Der einz'ge Grund, nicht auszureißen:
Bald sind die heißen Würstchen gar...

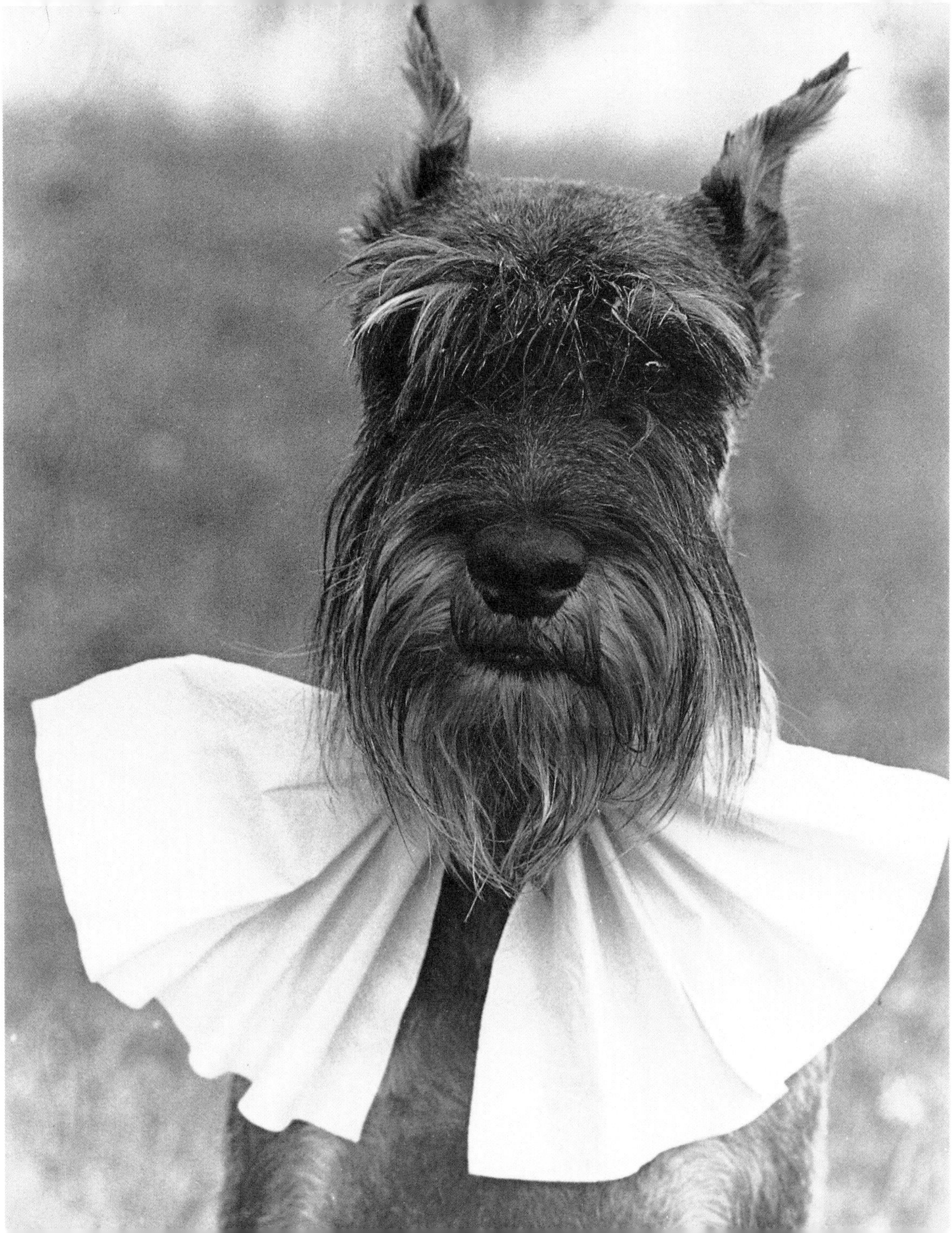

V. Schöner Hund!

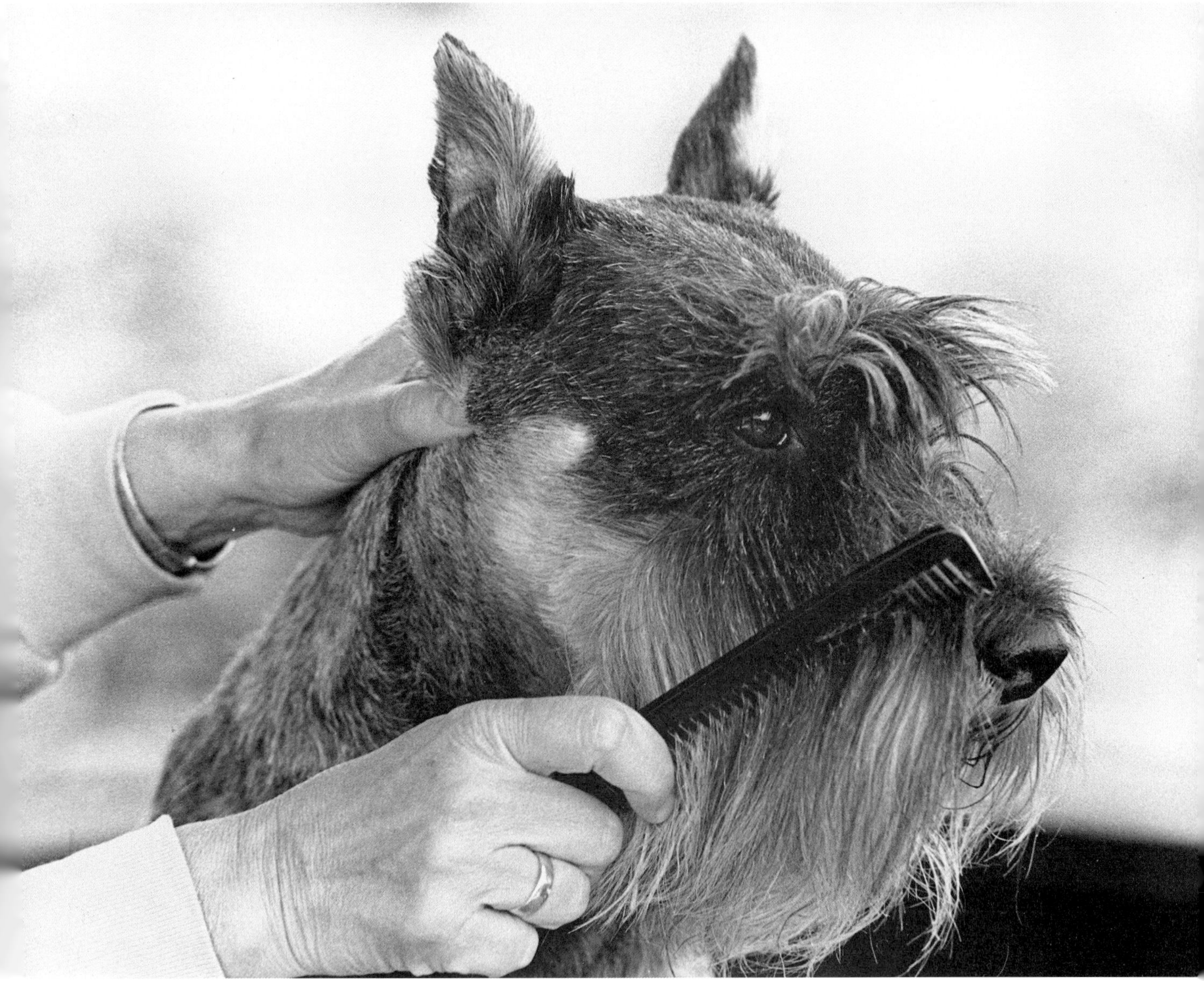

Im Schönheits-Studio

Willkommen im Kosmetik-Haus!
Gnä' Frau, was kann ich für sie tun?
Aus Ihrem Haar, während Sie ruh'n,
such' ich zunächst die Flöhe raus.

Die linke Kralle brach entzwei?
Macht nichts. Dafür gibt's heut' Prothesen.
Ist's in Sankt Moritz schön gewesen?
Auch Wimpern färben? Bin so frei.

Der werte Gatte ist wohlauf?
Das Töchterchen hat schon die Körung?
Ihr Teint ist toll. Meine Verehrung.
Zwei Stunden bleibt die Maske drauf.

Pardon – wir zupfen grad mal weg
die kleinen Härchen in den Ohren.
tut weh, ich weiß. Den großen Poren
rück' ich zuleibe wie dem Speck.

Da hilft meine Spezialmassage:
Sie werden schlank wie ein Barsoi.
Kuhmist-Parfum gibt's heute neu.
Rex durchgebrannt? Gott, die Blamage!

Obwohl mich das bei dem nicht wundert:
Kein guter Stall. Recht kleine Leute.
Ein bißchen Spray? Das wär's für heute.
Ach so, die Rechnung. Macht fünfhundert.

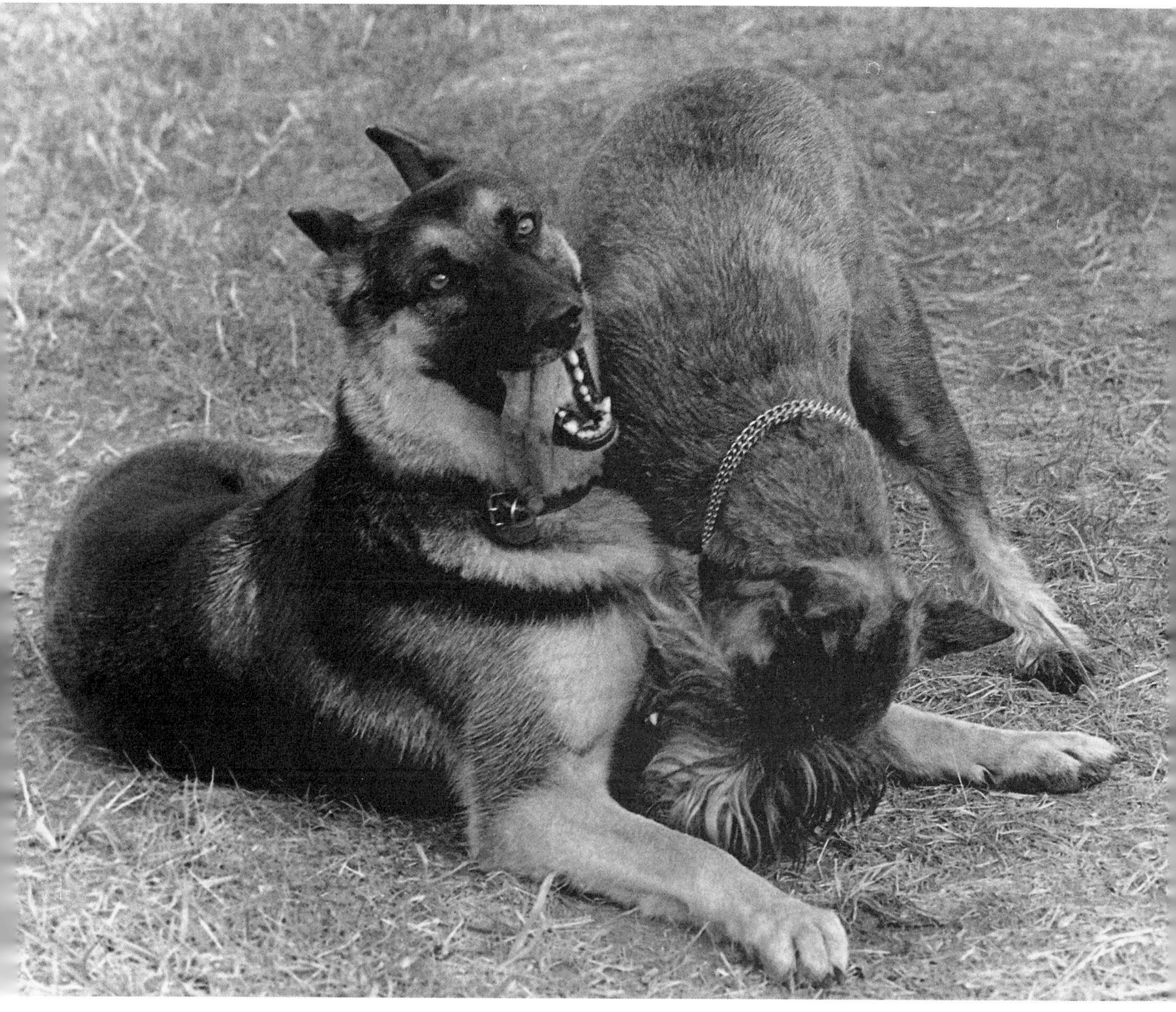

DIE IDENTITÄTSKRISE

Ich möcht' so gern ein Yorkie sein!
Dann könnt' ich Straß und Schleifchen tragen.
Man würde „Schnucki" zu mir sagen,
so zierlich wär' ich, süß und klein.

Mein Haar wär' seidenweich und lang,
gesprayt, gewickelt und geföht,
mein Styling täglich neu verschönt,
und wie auf Rädern wär' mein Gang.

Man lobte meinen Kindchen-Charme
und würde mir ein Jäckchen kaufen.
Nie mehr braucht' ich mit Rex zu raufen,
denn ich käm' dauernd auf den Arm.

Ich schlief auf daunenzartem Pfühl.
An dem „know how" wär' nicht zu rütteln.
Ich dürft' auf die Terrasse kütteln
(Gott – Yorkies kütteln eh nicht viel).

Doch hab' ich Haare wie ein Schwein!
Bin plumper Tölpel. Grobe Töle.
Ich find' mich doof. Aus tiefster Seele!
Ich möcht' so gern ein Yorkie sein!

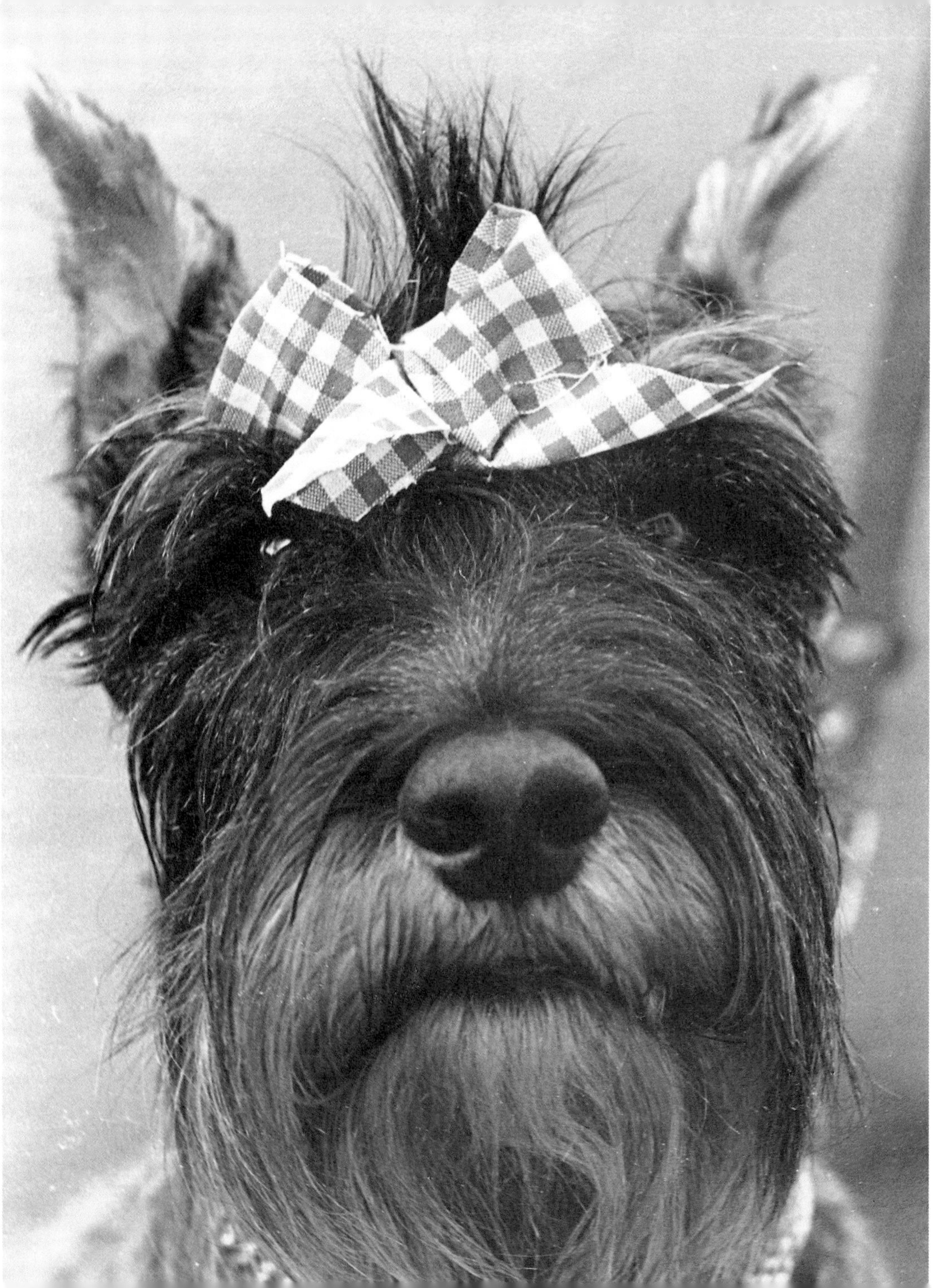

Der Ausstellungs-Sieger

Heut' wurde mir ein „V" verpaßt.
Mein Gott, bin ich k.o.!
Wie hab ich diese Schau gehaßt:
Man hat mir in den Mund gefaßt
und unter den Popo!

Ich bin im Ring umherstolziert –
der Streß war unerhört.
Ich wurde gänzlich kontrolliert,
examiniert und angestiert.
Das hat mich doll gestört.

Ab heut' prangt bei uns im Regal
(auf Seidentuch mit Fransen)
ein Wahnsinnsding von Goldpokal.
Mir ist der olle Pott egal:
Ich stehe mehr auf Pansen.

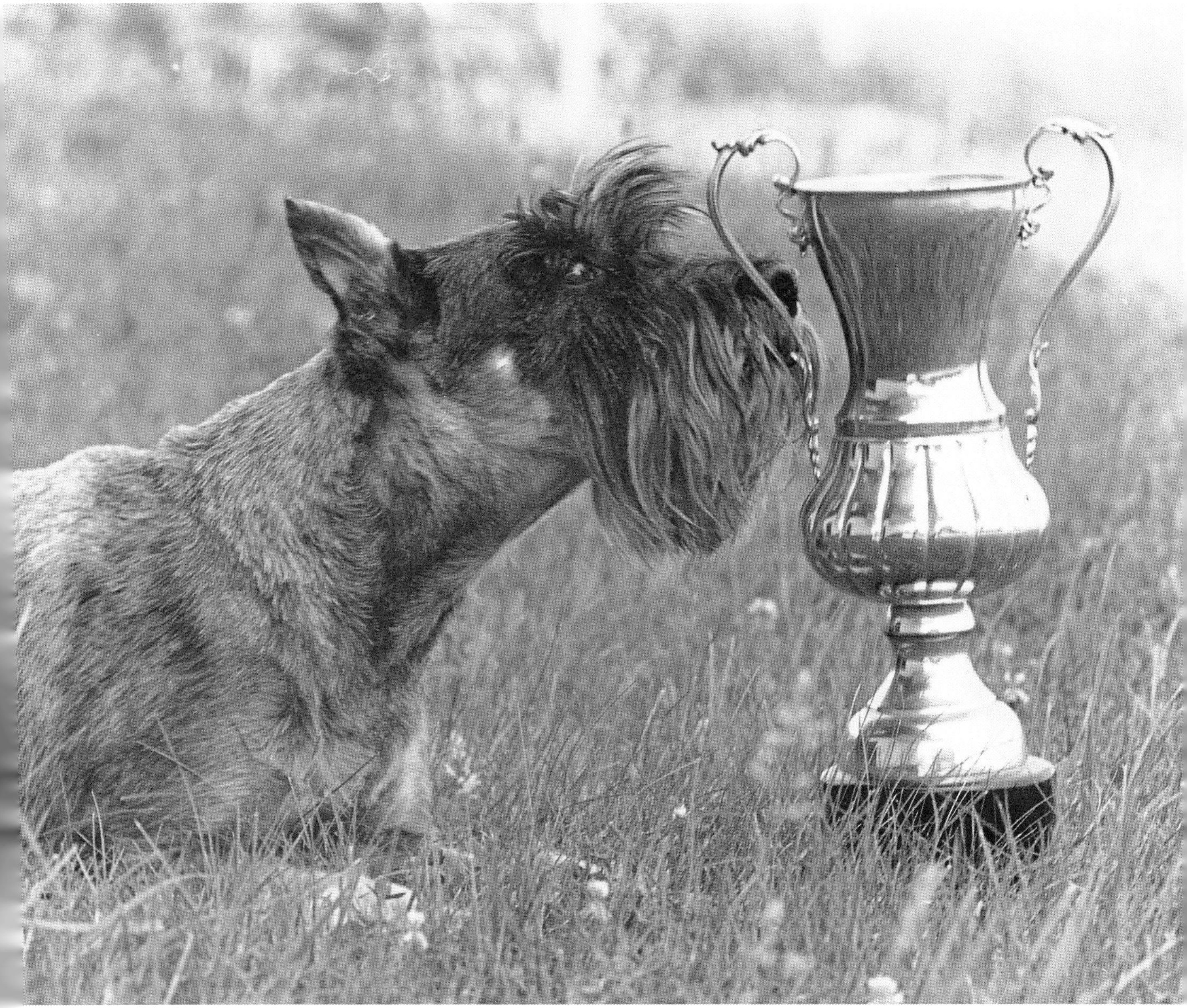

NEUE FRISUR

Hallo! Ich komm' gerade vom Frisör
und ließ mir einen neuen Look verpassen.
Den ollen Spießer-Schnitt trägt man nicht mehr.
Struppig ist in, und Wet-Style steht mir sehr!
Ich hab' mich ganz dem Meister überlassen.

Beim nächsten Mal nehm' ich Dich gerne mit.
Dein Äußeres ist effektiv zu bieder!
Wie denkst Du über Irokesen-Schnitt
mit lila Strähnchen? Was heißt hier „igitt"?
Die neuen Farben sind Cyclam und Flieder.

Du mußt ein bißchen mit der Mode geh'n.
Solang man jung ist, kann man sich's erlauben.
Design darf niemals auf der Stelle steh'n.
Wer progressiv ist, der wird angeseh'n.
Die Weiber rasen! Das kannst Du mir glauben!

Sie flippen aus bei kühler Punk-Kontur.
Schon Igelstoppeln bringen sie zum Beben.
Los, Kumpel! Gib Dir'n Ruck! Sei nicht so stur!
Ein Hoch der aktuellen Glitsch-Frisur!
Der Trimm-Salon ist tot. Sassoon soll leben!

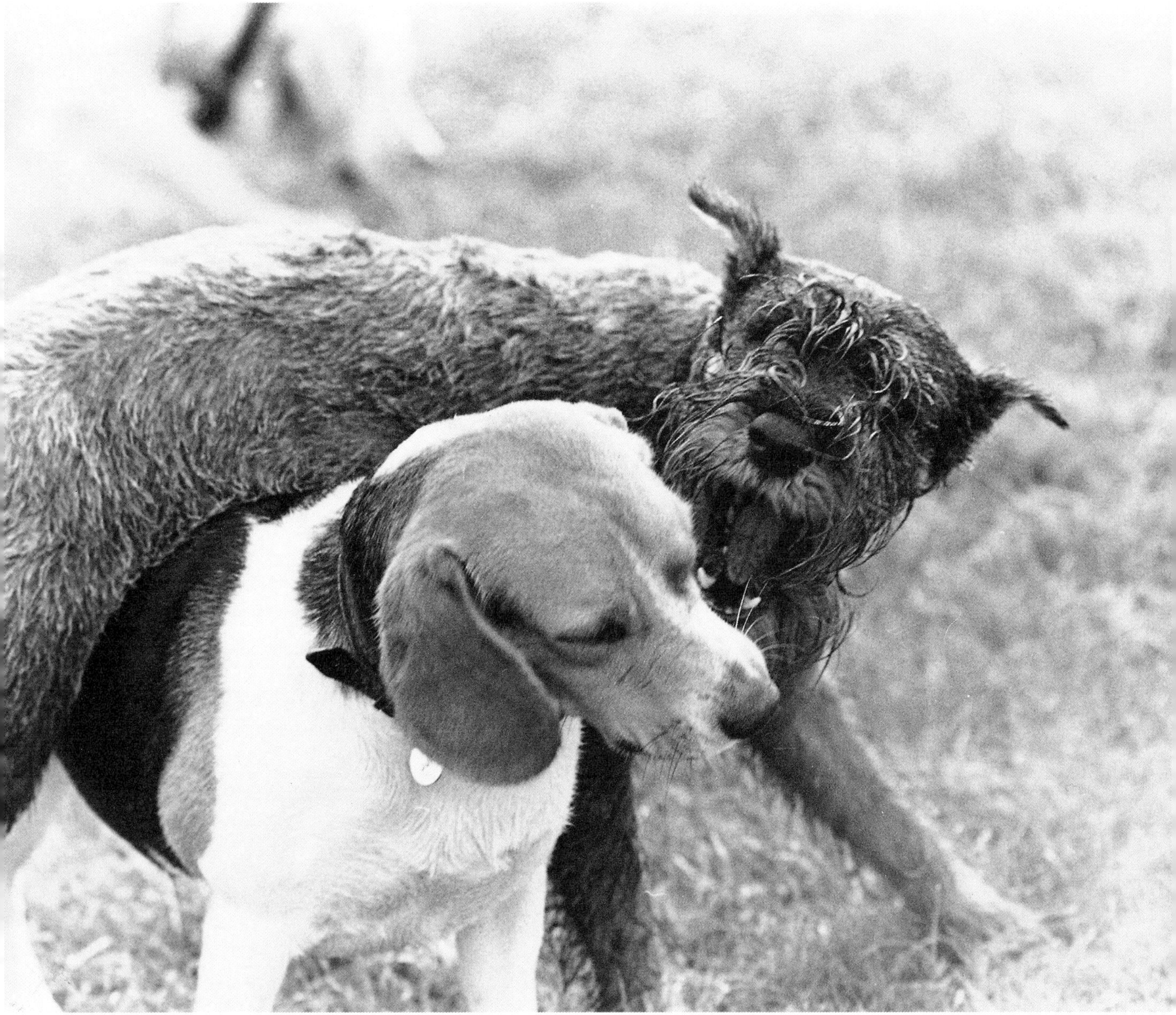

SCHMUDDELKIND

Hat man Dir nicht gesagt, Du darfst nicht dreckig werden?
Punkt neun beginnt die große Hundeschau.
Du wälzt Dich hier herum und spielst „Bau, Steine, Erden"!
Ich warne Dich: Der Richter nimmt's genau!

Bist Du von Hause ein „Goldener Retriever",
so mußt Du wolkengleich im Ringe steh'n.
Jeglicher Lehm am Bauch verstimmt die strengen Prüfer.
(Geb's Gott, daß sie den Kuhmist überseh'n!)

Nicht fünf Minuten kann man Dich alleine lassen!
Jetzt schreiben wir Platz 1 wohl in den Wind.
Du meinst, im Buddeln sei'st Du „Sieger aller Klassen"?
Mußt noch viel lernen, dummes Hundekind!

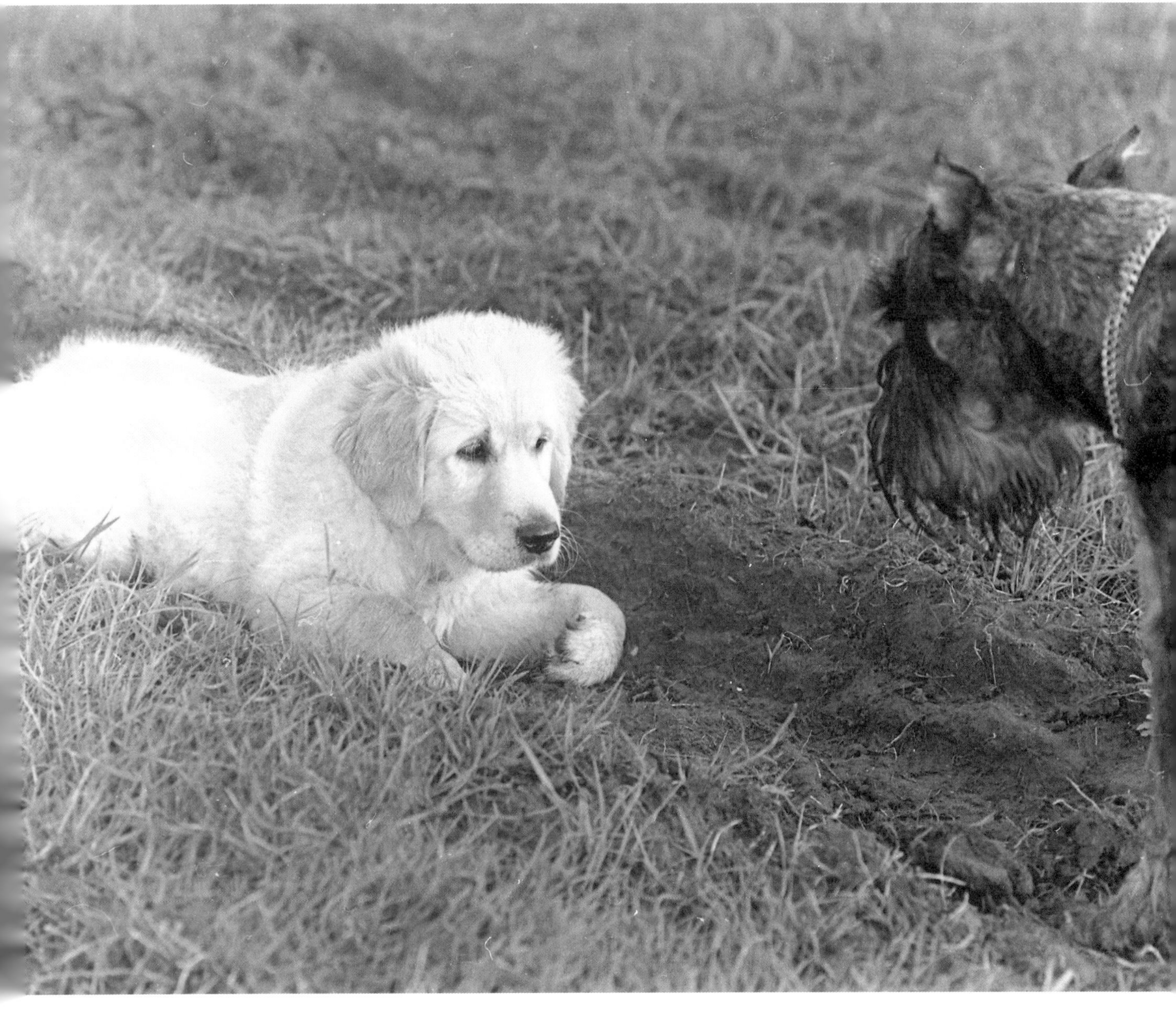

Der letzte Kupierte

Man hat mich – als den Letzten – noch geschnappt!
Knapp fünf Minuten vorm Kupierverbot
ist diese blöde Kluppe zugeklappt,
und futsch sind meine Ohren – sapperlot!

Mir ist so gräßlich unkomplett zumute.
Doch Jammern nützt nichts, also bleib' ich still.
Und meine zarte, kaum gebor'ne Rute
lag schon am dritten Tage auf dem Müll.

Die Menschheit denkt, sie könne noch verbessern,
was sich der liebe Gott gut ausgedacht.
So rückt sie uns zuleib mit ihren Messern,
und Hündchen werden „in Fasson" gebracht.

Die Wunde schmerzt. Die Stummel sind verkleistert.
Verflucht das alte Schönheitsideal,
das seit Jahrzehnten durch den Standard geistert.
Doch diesmal, Freunde, war's das letzte Mal!

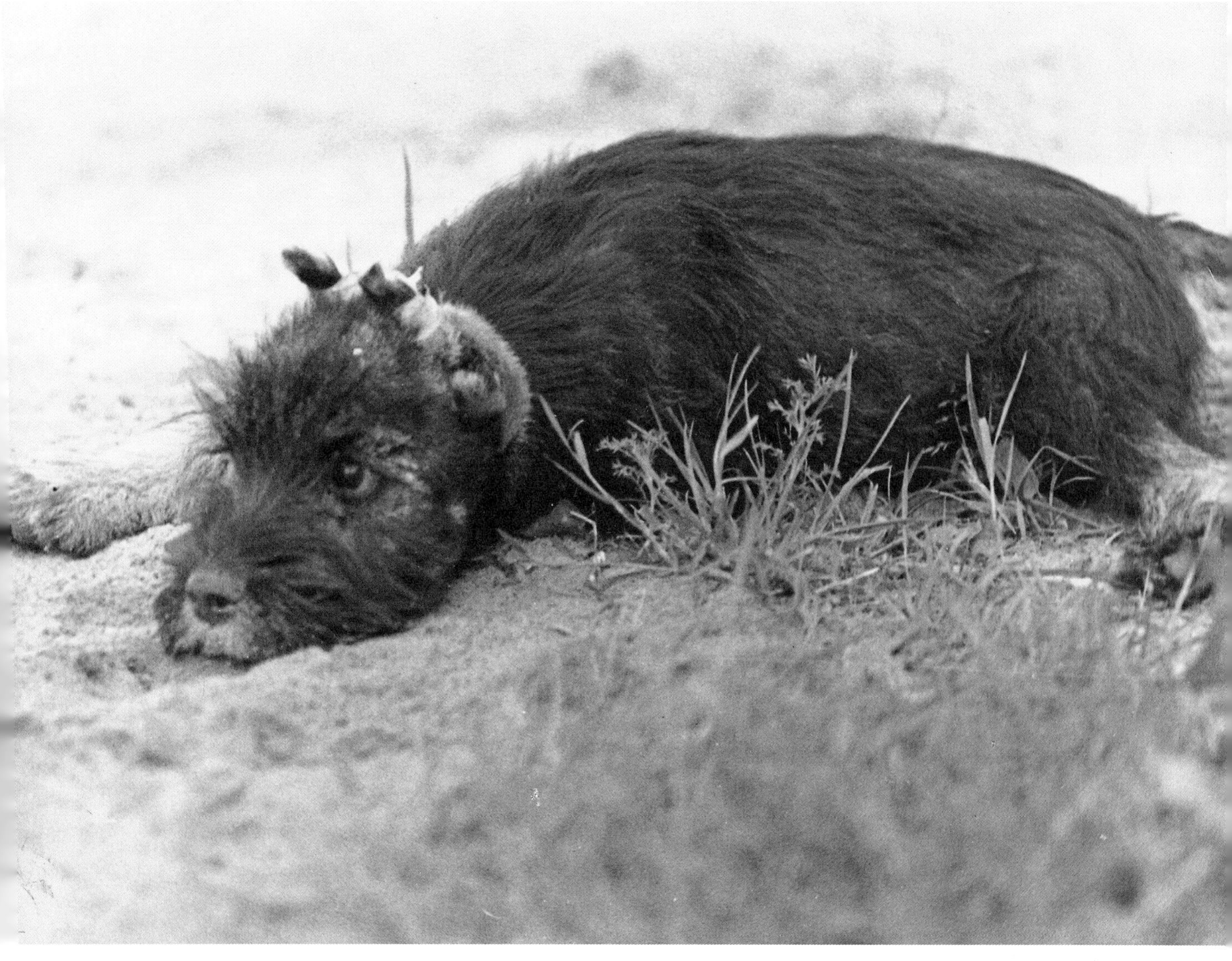

ZÄHNEZEIGEN

Zeig mal, Kuno: Alles klar
mit dem linken Prämolar?
Guckt der Zahn nicht richtig raus,
ist's mit Ring-Karriere aus.

Kuno, voll Bedauern, kläfft:
„Nix am Hut mit Showgeschäft,
weil mein lieber Vater zwar
echter Mittelschnauzer war,
Mutter aber'n Labrador."

(Kommt in besten Kreisen vor!)

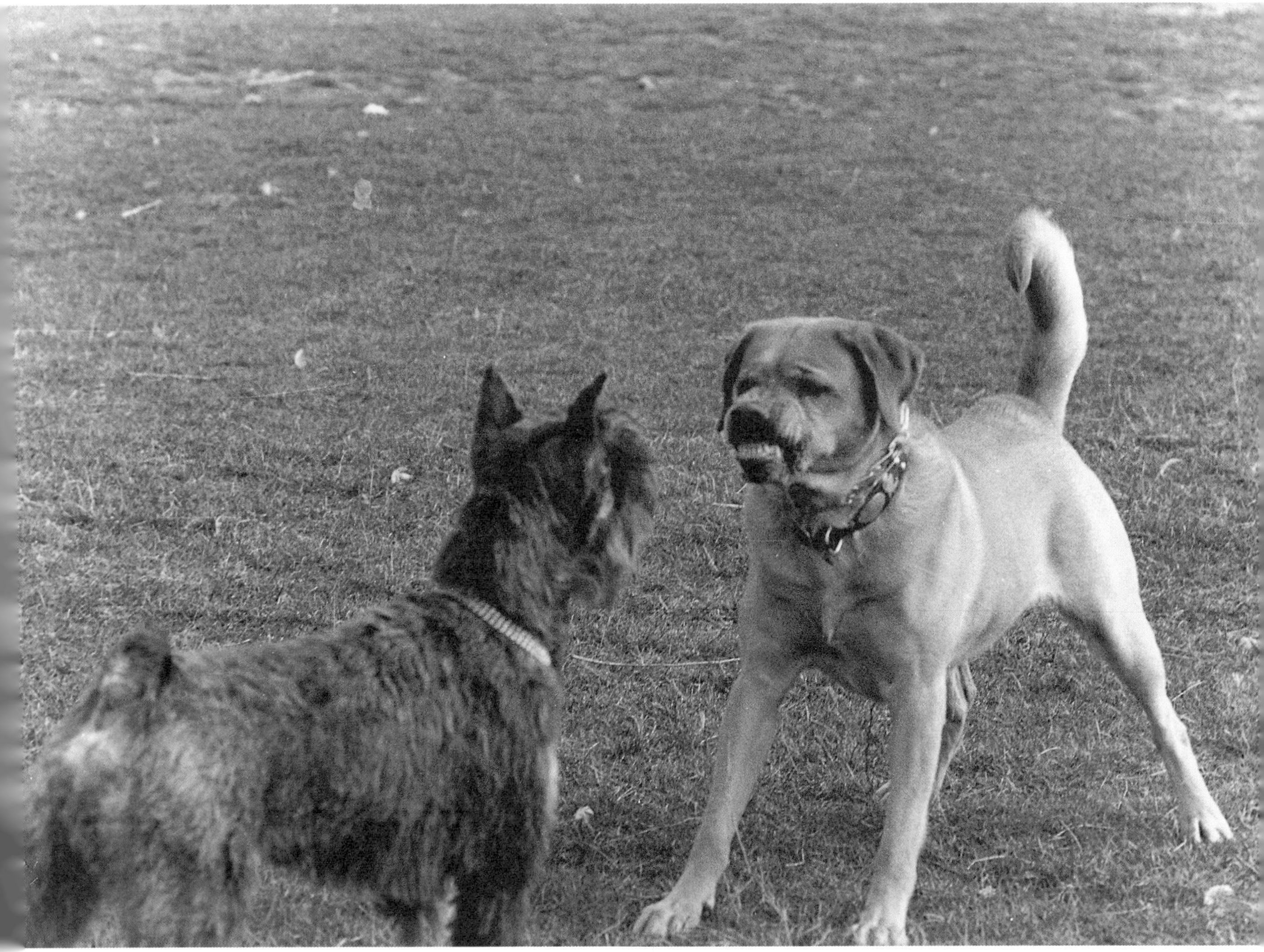

Der Langhaarige

Wo kommt von ungefähr
die süße Hündin her?
Ach, die gefällt mir sehr!
Doch mault sie: „Ich verkehr'
doch nicht mit einem Bär!"

Jetzt geh' ich zum Frisör!

119

VI. Leibesübungen

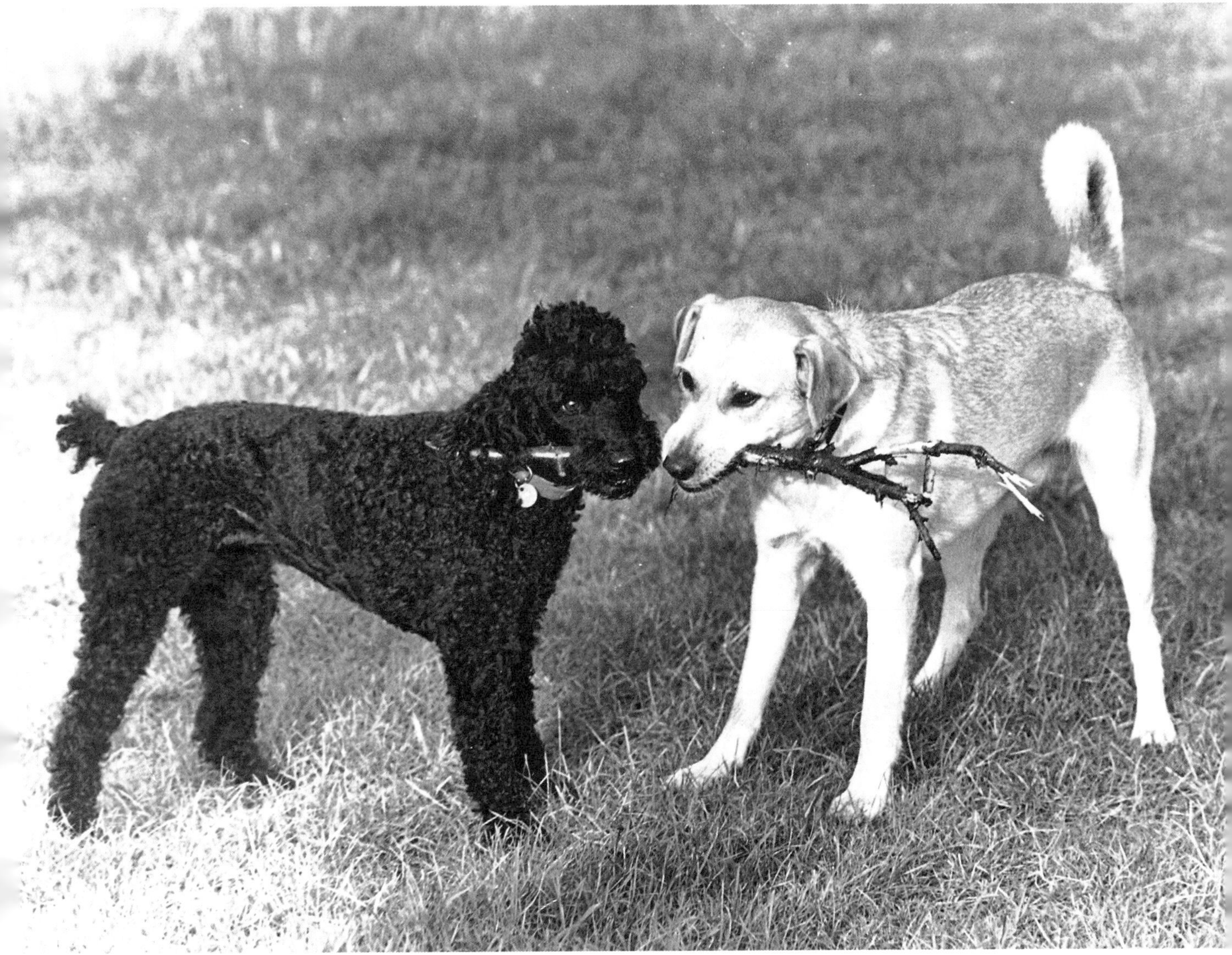

Die Ausdauerprüfung

Ich bitt' Dich, Kamerad, trag' mich nach Haus!
Ich hab' soeben die „AD" bestanden.
Jetzt ist es mit mir sozusagen aus,
denn auch die letzten Kraftreserven schwanden.

Wie jeder von uns gut trainierten Hunden
ging ich ganz zuversichtlich an den Start
und hätt' die Strecke spielend überwunden,
jedoch das Rennen, Freunde, war sehr hart.

Bergauf, bergab ging's an die hundert Male.
Der Durst war schrecklich und die Pfoten wund.
Mein Frauchen trat wie wild in die Pedale
und ächzte und war selbst ein „armer Hund".

Nach vielen Tagen war'n wir endlich da.
Ein Präsident empfing uns mit Kolonnen.
Wir hatten – dreimal vivat und hurra! –
ganz aus Verseh'n die TOUR DE FRANCE gewonnen...

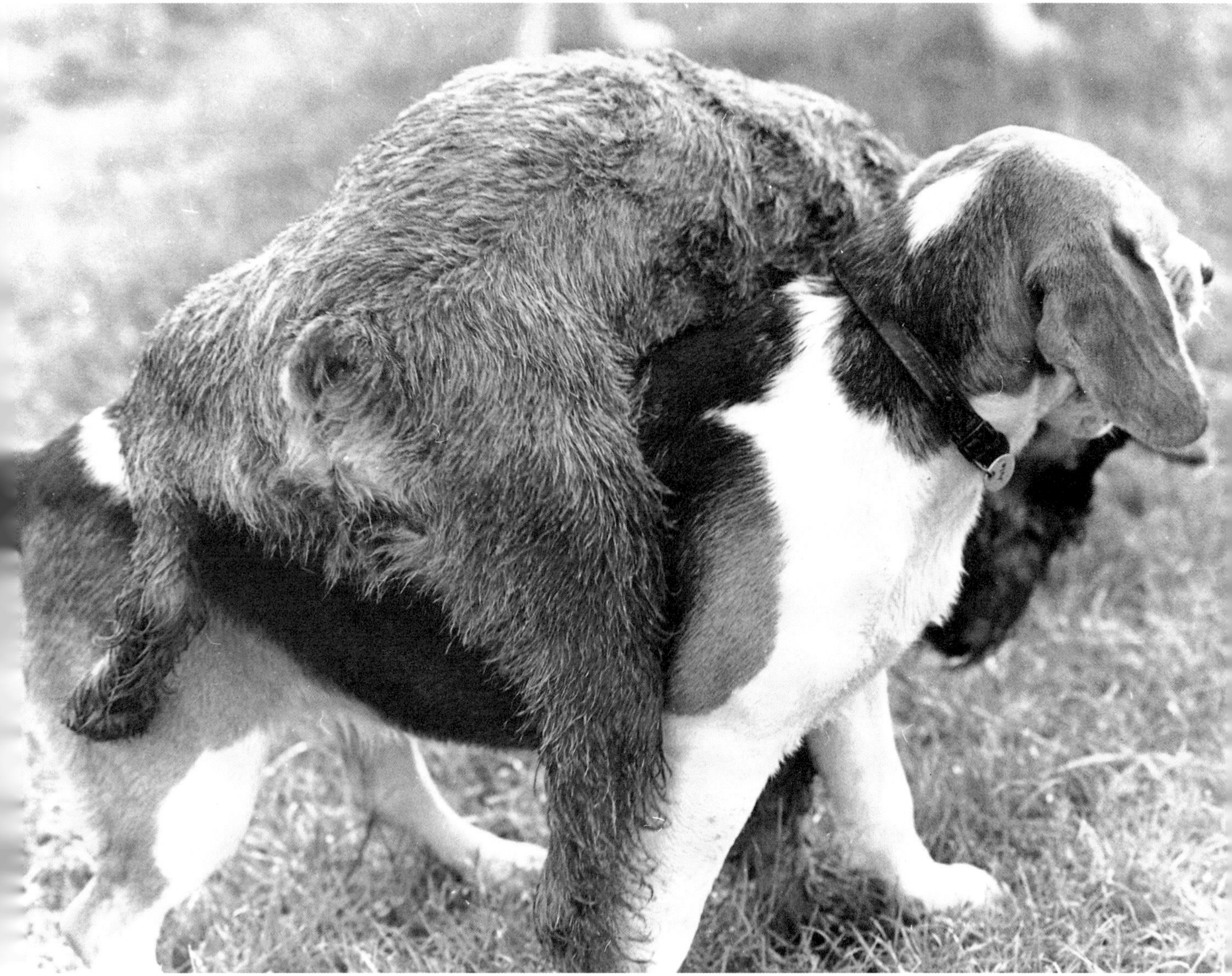

SYNCHRONFRESSEN

Antrag an das NOK
Neuheit bei Olympia:
Essen fassen, doch synchron.
(Wie man sieht: Wir üben schon!)
Zur Bewertung kommt der Stil.
Dann: Wielange und wieviel
kann die Dreierriege fressen?
Vor- und nachher: Bäuche messen.
Hoch in Gunst der Richter steht
jede Virtuosität:
Wer gekonnt den Kopf eintunkt,
der kriegt einen Extrapunkt.
Einheitlich verklebte Bärte
sind von hohem Notenwerte.
Doch wer rempelt oder motzt,
gar in die Arena kotzt,
schlapp macht oder and're Possen,
wird vom Wettkampf ausgeschlossen.

Führt die neue Sportart ein!
Gold wird Deutschland sicher sein!

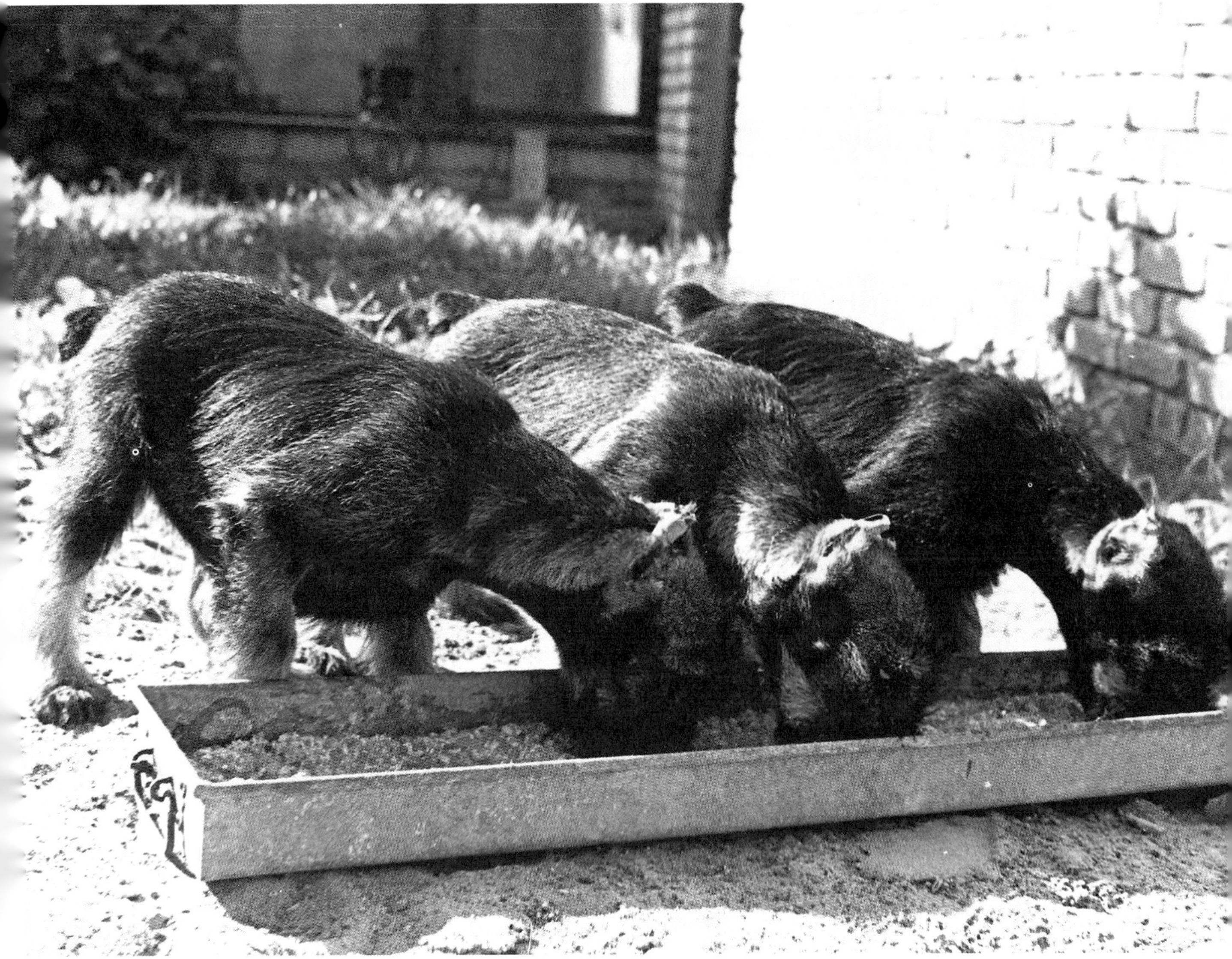

Der Aussenseitersieg

Ich hab 'nen Schutzhund III verbleut!
Na, das war ein Theater!
Der ist bedient für alle Zeit.
Mir tut der Große fast schon leid:
Er muß jetzt zum Psychiater.

Er hat mich tätlich provoziert,
getönt, „er sei ein Riese".
Da hab ich ihm sein Ohr kupiert
und augenrollend demonstriert,
wie klein er ist. Wie miese.

Bald hörte man ihn jämmerlich
devot um Gnade flehen.
Der große Sieger, das war ich!
(Und eins freut mich ganz fürchterlich:
Die „Anka" hat's gesehen...)

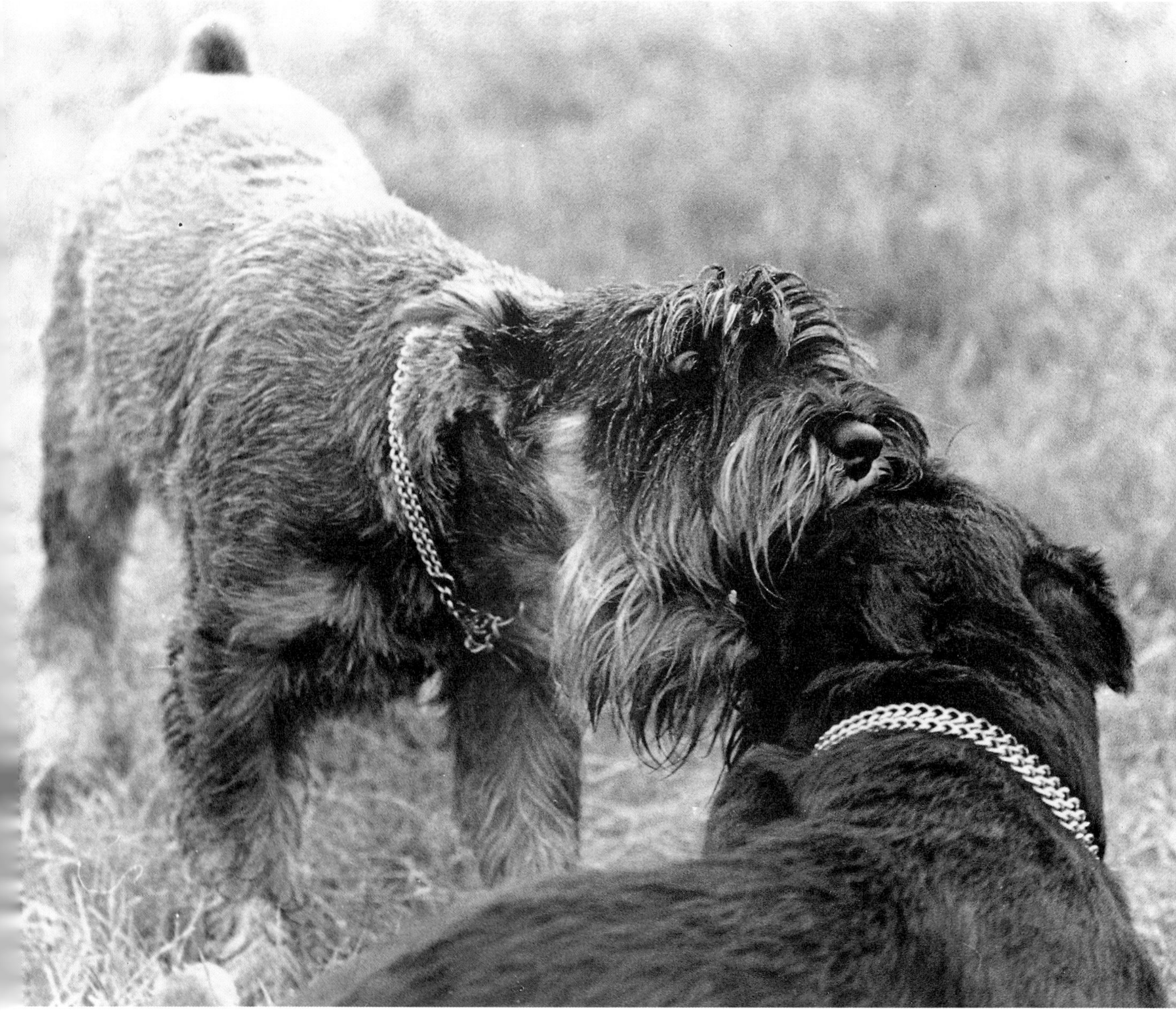

Jogging

Sie rennt die Lunge aus dem Leib
und hat doch nur zwei Beine!
Ich trabe mit, zum Zeitvertrieb.
Dann fühlt sich das verrückte Weib
wenigstens nicht alleine.

Sagt wer was gegen ihren Sport,
dann gibt es ein Gezeter.
Sie joggt wie wild von Ort zu Ort,
macht ein Gedöns in einem fort
um bloß zehn Kilometer...

Sie ist ein unvollkomm'nes Tier.
Und hätte ich das Sagen,
dann liefen wir von Köln nach Trier.
Das schaffe ich in acht / null / vier
(und sie in vierzehn Tagen...)!

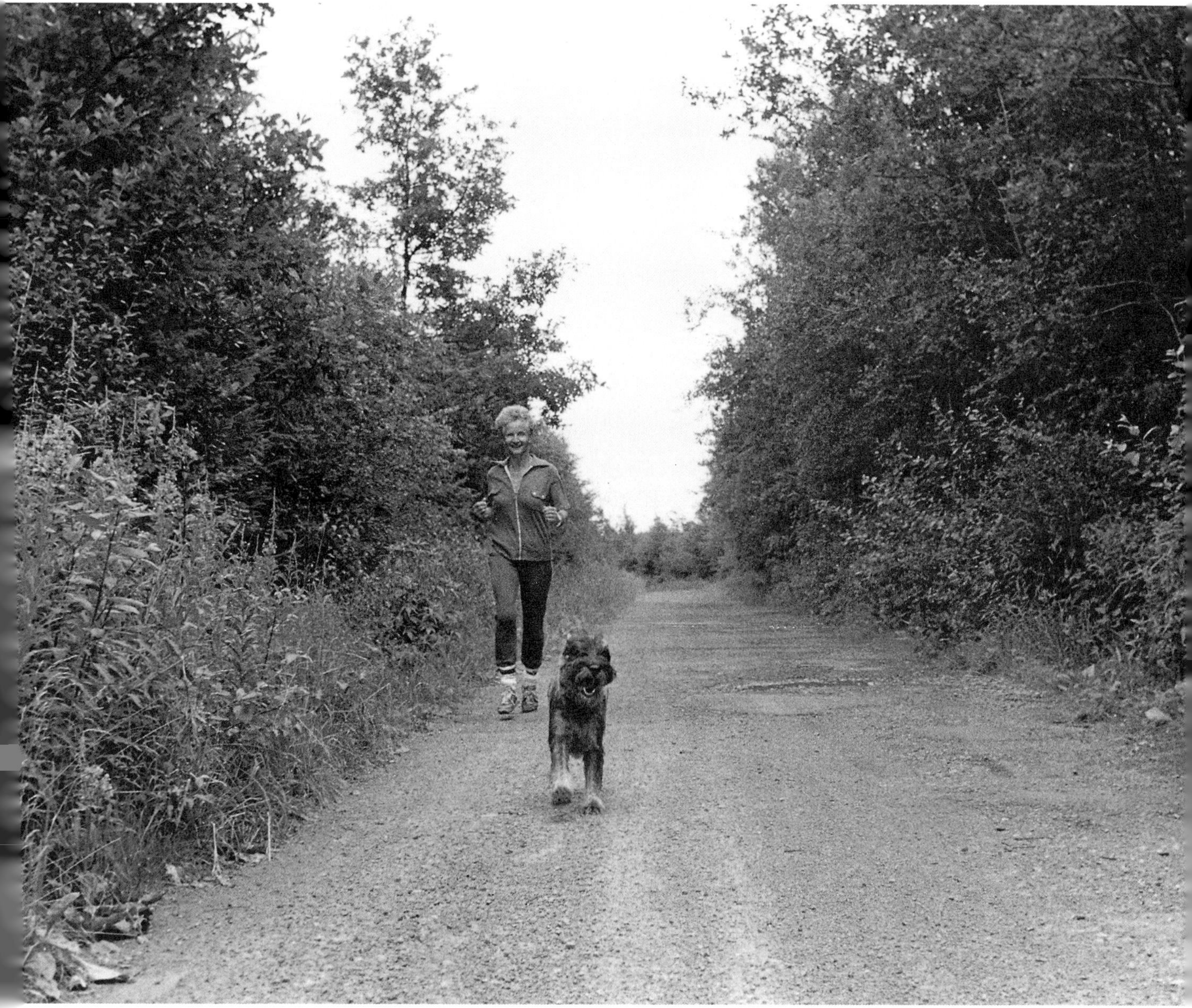

Frühsport

Wer sagt denn da, Aerobic sei passé?
Wir turnen stets zu früher Morgenstunde
und bleiben fit, vom Schwänzchen bis zum Zeh,
empfehlen solches einem jeden Hunde.

Den Hintern hoch! Und vorne runterducken!
Das strafft den Bauch, darauf habt Ihr mein Wort.
Ja, uns're Taillen dürft Ihr Euch begucken:
Kein Grämmchen Fett. Das, Leute, macht der Sport!

Es folgen fünfzig Sprints à hundert Meter.
Dann locker traben, Richtung Waldesrand.
Dann kehrt-marsch-marsch, denn Frauchen macht Gezeter
(hat Angst, daß uns der Jagdtrieb übermannt).

Als nächstes: Weitsprung über große Pfützen.
Dann Kraftprogramm: Man aste einen Ast.
Zum Abschluß zwölfmal um die Wiese flitzen
und nach dem Frühstück: Wohlverdiente Rast.

Wir machen nächstens unser Sportabzeichen
und feiern den Triumph mit viel Gekläff.
Wir seien Traumathleten ohnegleichen
meint selbst Valérien vom ZDF.

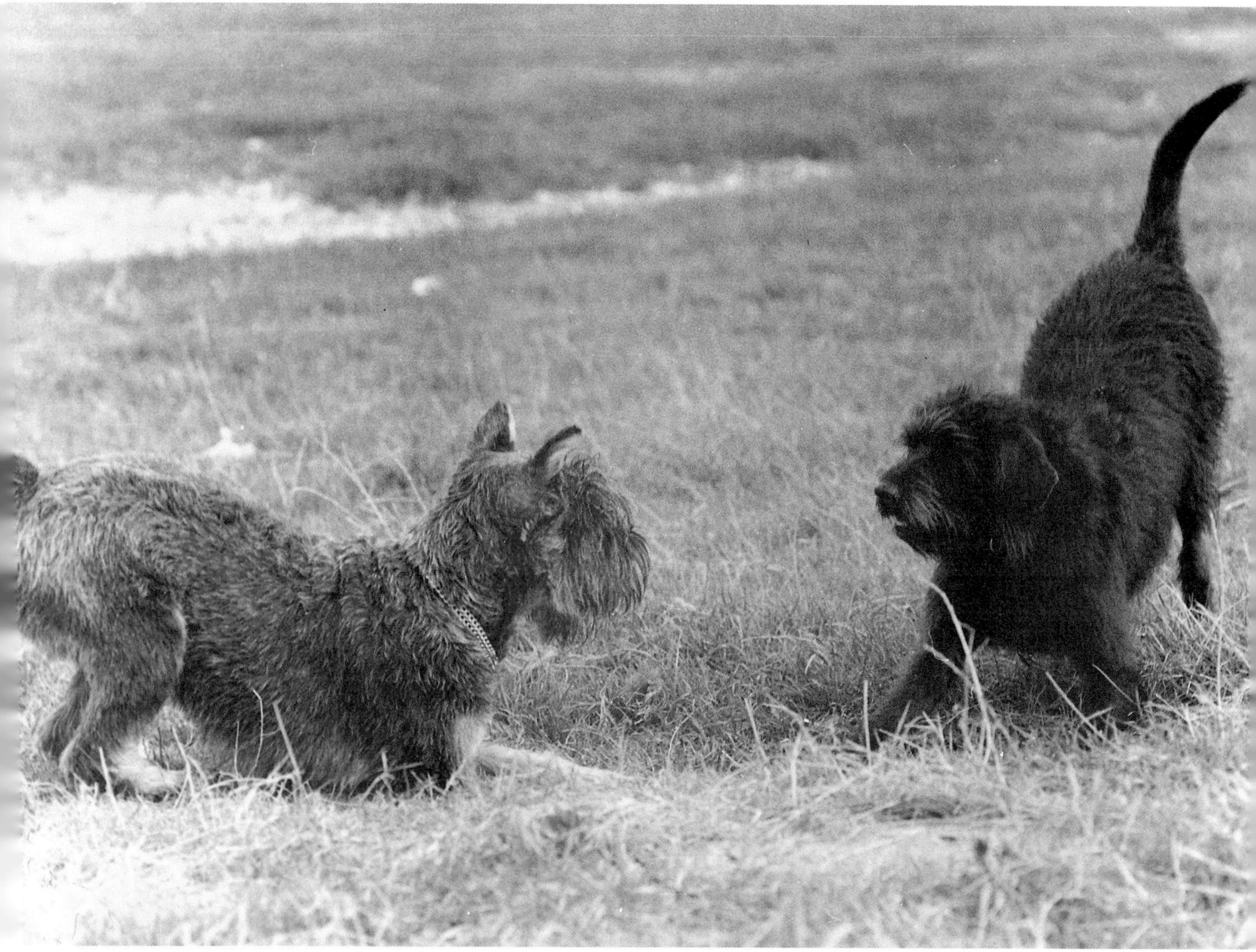

Das Mächtigkeitsspringen

Da biste platt, Herr Schockemöhle,
wie spritzig, kernig, voller Kraft
so eine kleine Schnauzertöle
den Oxer wie im Fluge schafft?!

Dein Gaul wird schier vor Neid erblassen:
Null Punkte geh' ich im Parcours.
Selbst Neckermann kann's gar nicht fassen
und kratzt sich sprachlos die Tonsur.

Das NOK macht Angebote:
Olympia ist schon ganz nah.
Ich winke ab mit müder Pfote:
„Null Bock. Mich braucht der PSK."*

*PSK = Pinscher-Schnauzer-Club

133

Die Prügelei

Mensch, das war 'ne feine Klopperei!
Wie es anfing, ist uns glatt entfallen.
Jedenfalls: Mit Zähnen und mit Krallen,
Mut und Leidenschaft war'n wir dabei.

Pluto war der klare Favorit,
aber Hassan haute ihn vom Hocker.
Toll: Das olle Schlachtroß blieb ganz locker,
stürzte und riß Hassan einfach mit.

Was mich selbst betrifft: Auch ich sah rot!
Packte Pluto mitleidlos am Hals.
(Beißgehemmt, versteht sich. Andernfalls
wär' der alte Knabe jetzt schon tot!)

Herzerfrischend ist so eine Schlacht!
Später reichten wir – total erschossen –
uns die Pfoten. Haben dann beschlossen:
„Das wird künftig wöchentlich gemacht!"

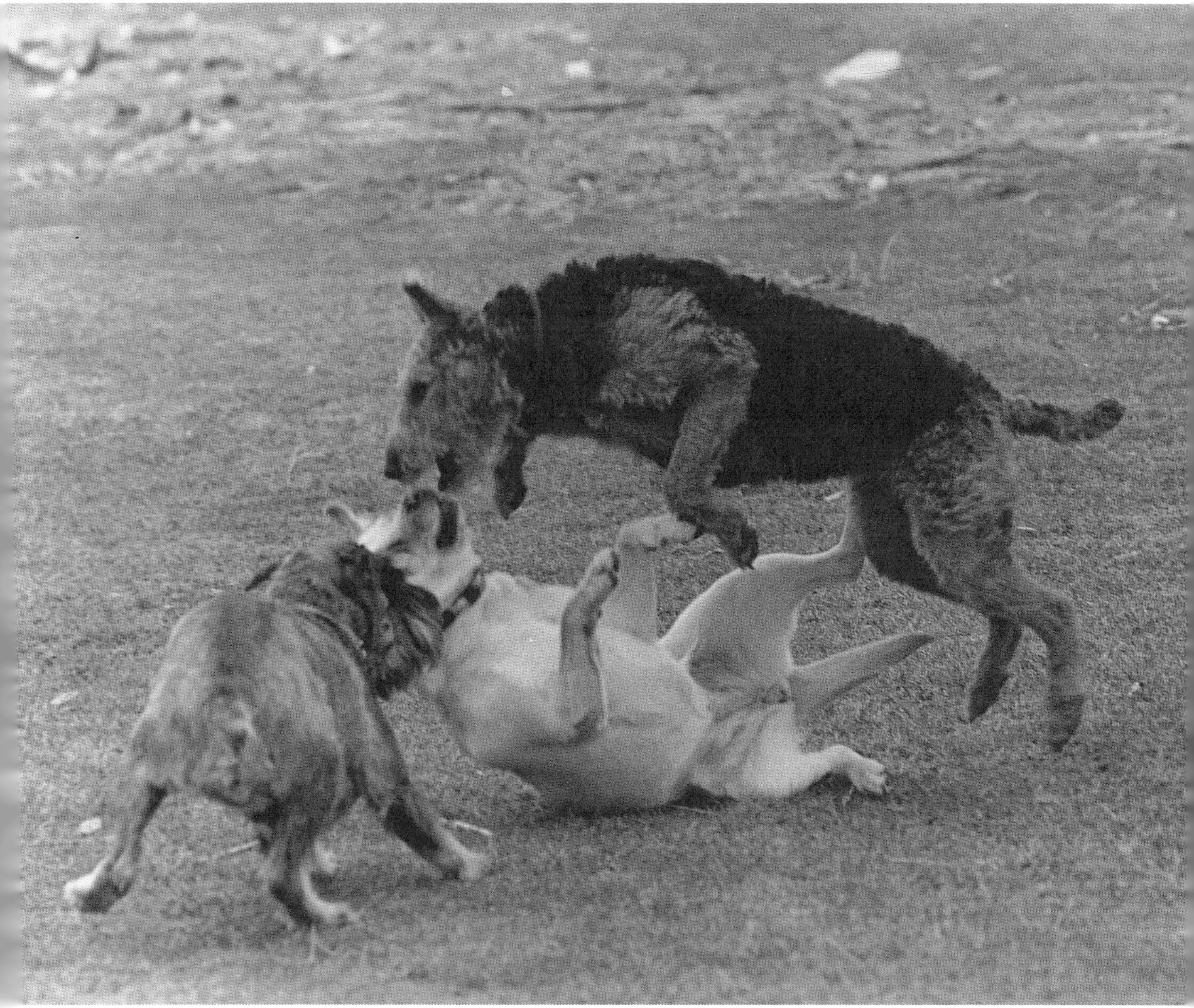

WASSER IST NASS

Ich fiel soeben in den Teich
und wär' beinahe umgekommen!
Ich bin wie irre rumgeschwommen,
und jetzt sind meine Knie weich.

Das Wasser hatte dreizehn Grad.
Hier draußen ist es auch nicht wärmer.
Ich fühl' mich arm und immer ärmer.
Das war vielleicht ein blödes Bad!

Ich bin ein richtig armer Hund.
Wann wird sich jemand um mich kümmern?
Sie sitzen in geheizten Zimmern,
ich geh' an kaltem Bauch zugrund'!

Gibt's keine Hilfe weit und breit?
Wielange soll ich denn noch zittern?
Da! Frauchen naht zum Mittagsfüttern!
Verdammt nochmal! Das wurde Zeit!

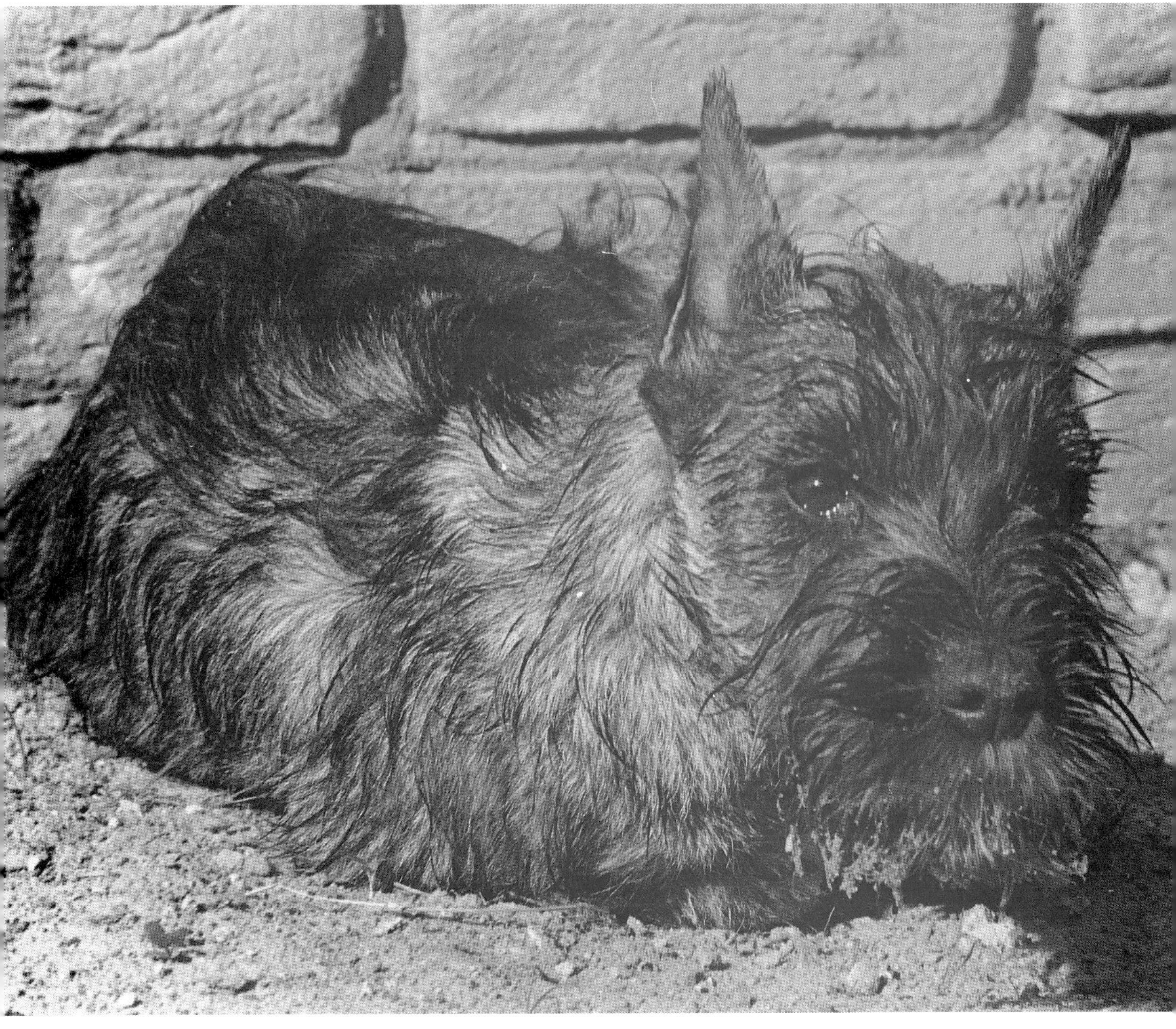

Triathlon

Gott gnade uns, wenn wir nach Hause kommen!
Ich wette zehn zu eins: Wir fliegen raus.
Welch schöner Tag: Getobt, gematscht, geschwommen…
Wir hatten auch den Jimmy mitgenommen.
(der sieht jetzt gleichfalls wie ein Wildschwein aus.)

In Kürze werden sie uns wohl erwischen
und mit dem Gartenschlauche restaurier'n.
Wir riechen ziemlich streng nach ollen Fischen,
fanden ein totes Etwas in den Büschen,
wälzten uns drin. Die Hausfrau wird rotier'n.

Ist uns egal. Der Spaß war unermeßlich.
Wir finden solche wilde Hatz gesund.
Und sagt man auch, wir wären einfach gräßlich –
der Streifzug bleibt uns dennoch unvergeßlich.
Schließlich ist man nur einmal junger Hund.

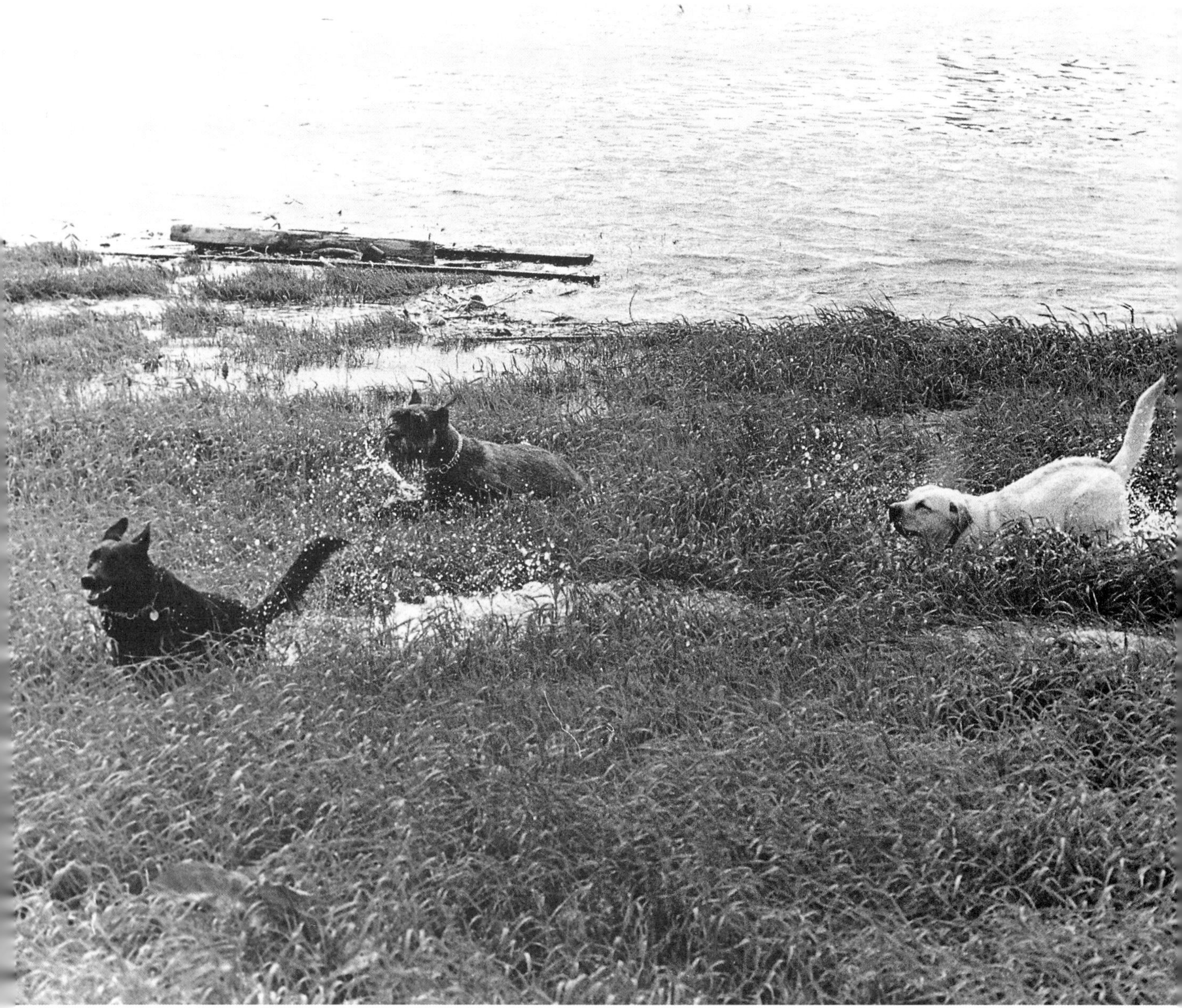

VII. Dienst und Freizeit

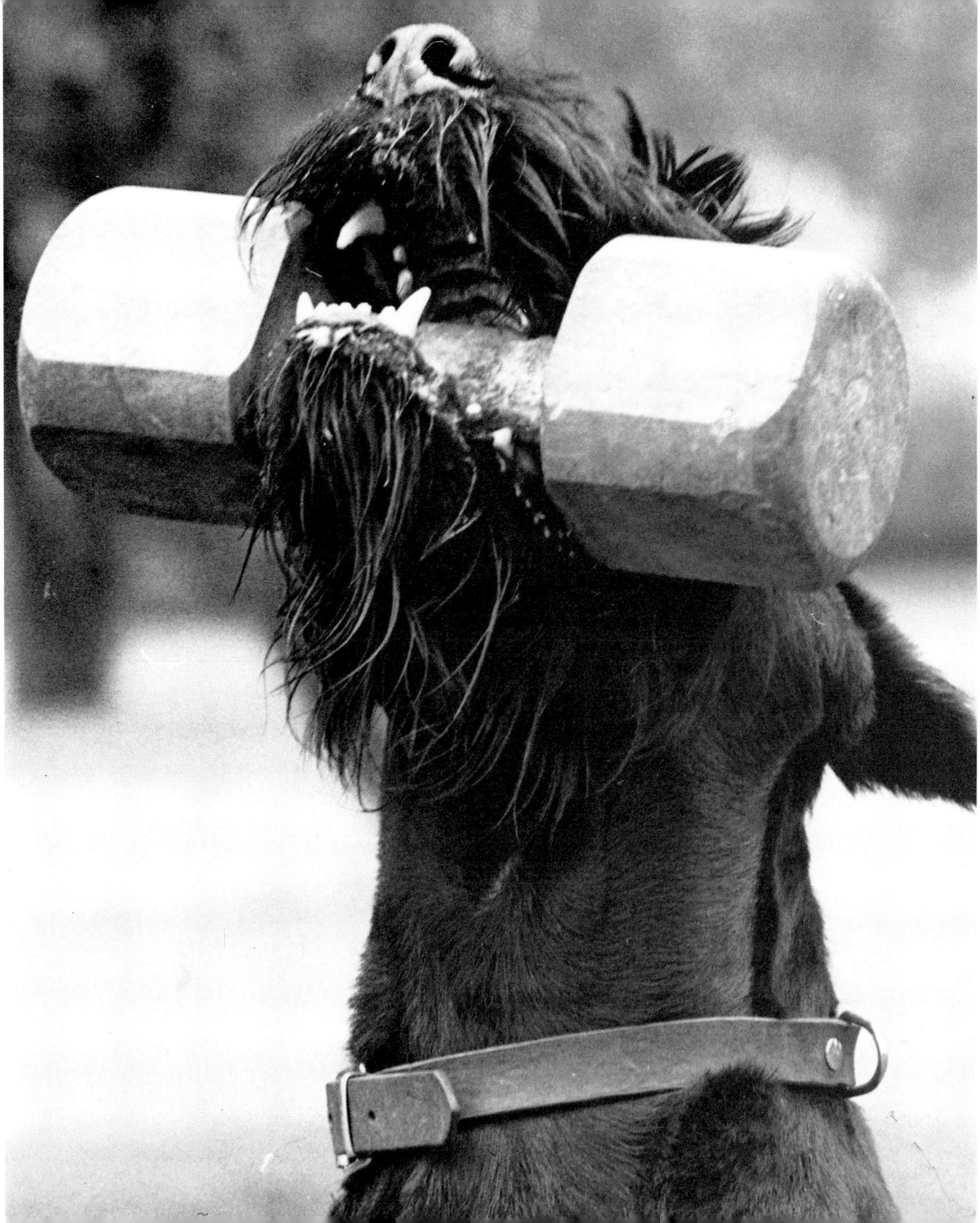

Durchgefallen

Wer läßt denn da die Ohren hängen?
War das Examen gar so hart?
Beim Prüfungs-Reglement, dem strengen,
bleibt einem leider nichts erspart.

Als Fährtenhund glatt durchzurasseln
kann schließlich jedermann passier'n.
Was heißt denn hier: „Die Tour vermasseln"?
Ihr braucht Euch gar nicht zu genier'n.

Zwar stimmt es, daß man vorher unkte
und Euch der Trainings-Faulheit zieh,
doch – ehrlich! – sechsundzwanzig Punkte
sind für manch andern Utopie!

Soso, der Sieger schaffte hundert?
Na und? Der hatte einfach Glück.
(Was mich bei diesem Typ nicht wundert:
Dem sitzt Erfolgszwang im Genick.)

Nun fühlt Euch nicht so schrecklich miese!
Solch ein Diplom ist nur Papier.
„Doof aber fröhlich!" Die Devise
hat Geltung. Nicht nur heut' und hier...

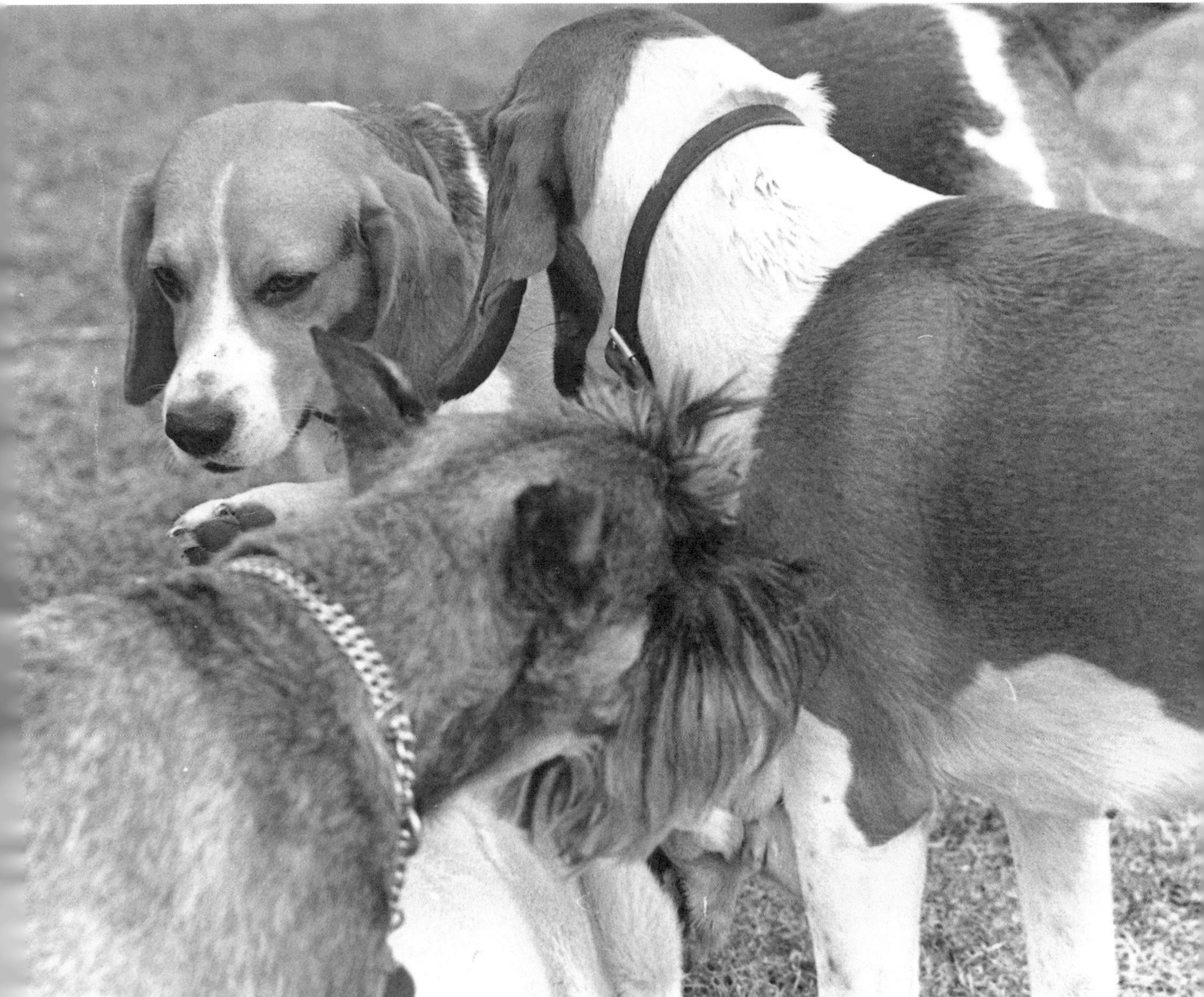

Der Lawinenhund

Mein Freund Bernie ist (mal wieder!) blau.
Als ich ihn im Hundeclub getroffen,
hatte er sein Fäßchen ausgesoffen.
Schielend schlug er (wieder mal!) Radau.

Mein Freund Bernie ist zwar hilfsbereit,
doch als Rettungshund: Totale Niete!
Mit dem Schnaps am Hals, Du meine Güte,
kommt er keine hundert Meter weit.

Bernies Arbeitgeber reicht es jetzt,
denn ein jeder Suff hat seine Grenzen.
Die Behörde zog die Konsequenzen:
Bernie wird zum Innendienst versetzt.

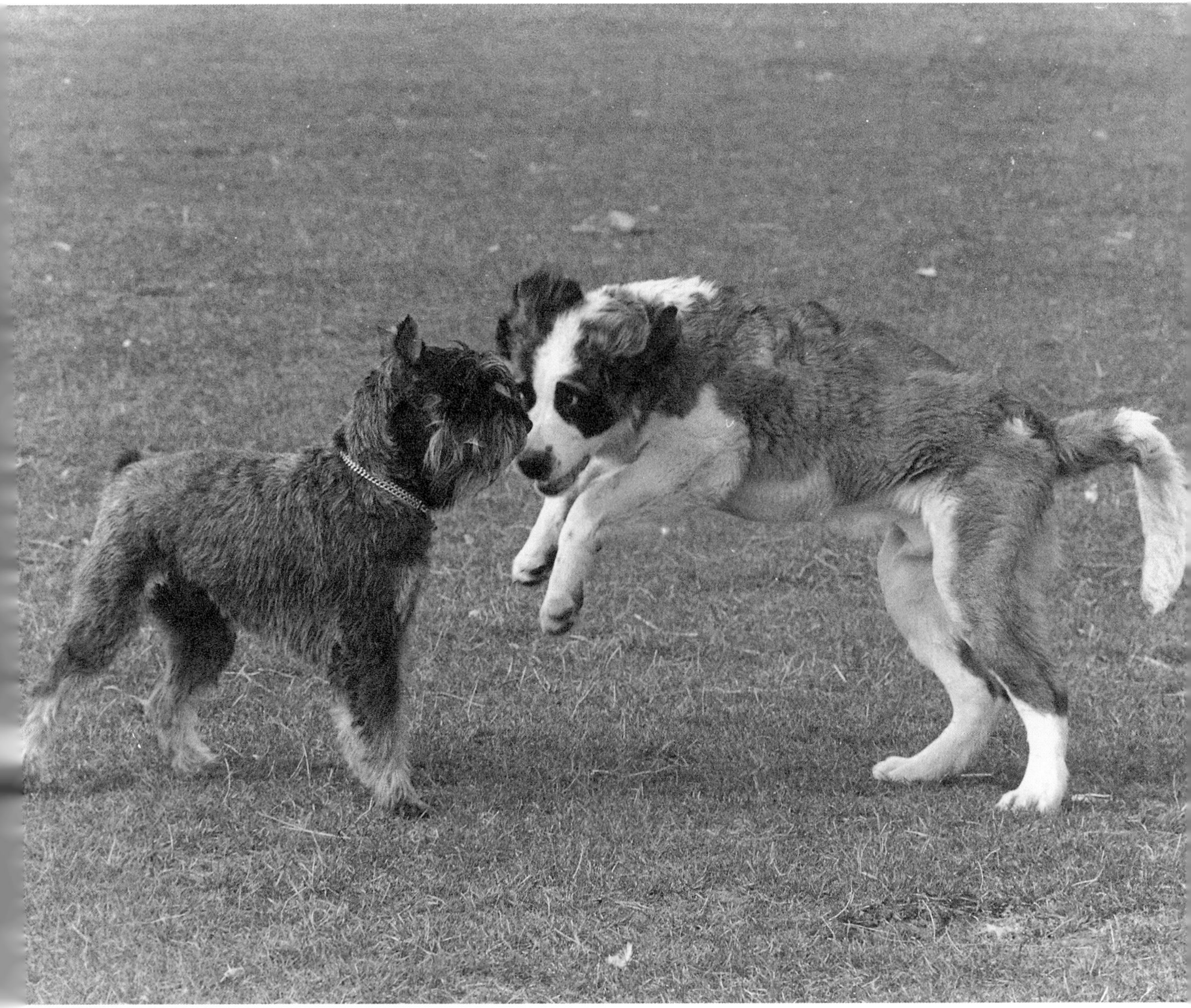

Daheimgeblieben

Jetzt düst er ab in Richtung Lanzarote.
Das alles haben wir schon hinter uns.
Er schmückt sich gern mit exklusiver Note,
wir fahr'n zum Westerwald, wie Hinz und Kunz.

Dem gehen morgen schon die Augen über
beim Leinenzwang am rappelvollen Strand!
Wir kennen das und bleiben daher lieber
in unserm lieben alten Heimatland.

Im Grandhotel gibt's Zoff bei jeder Belle.
Das Meer ist salzig und das Essen scharf.
Wir hoffen sehr, er findet eine Stelle,
wo er, wenn er ganz schrecklich muß, auch darf...

Das Weibervolk ist drüben auch nicht besser.
Wir haben uns ein wenig umgeschaut
und finden, auch im heimischen Gewässer
schwimmt manches Fischlein, das das Herz erbaut.

Ein jeder flieht den Streß auf seine Weise.
Uns ist es piepegal, wohin er fährt.
Wir wünschen ihm von Herzen gute Reise
und daß er frisch und munter wiederkehrt.

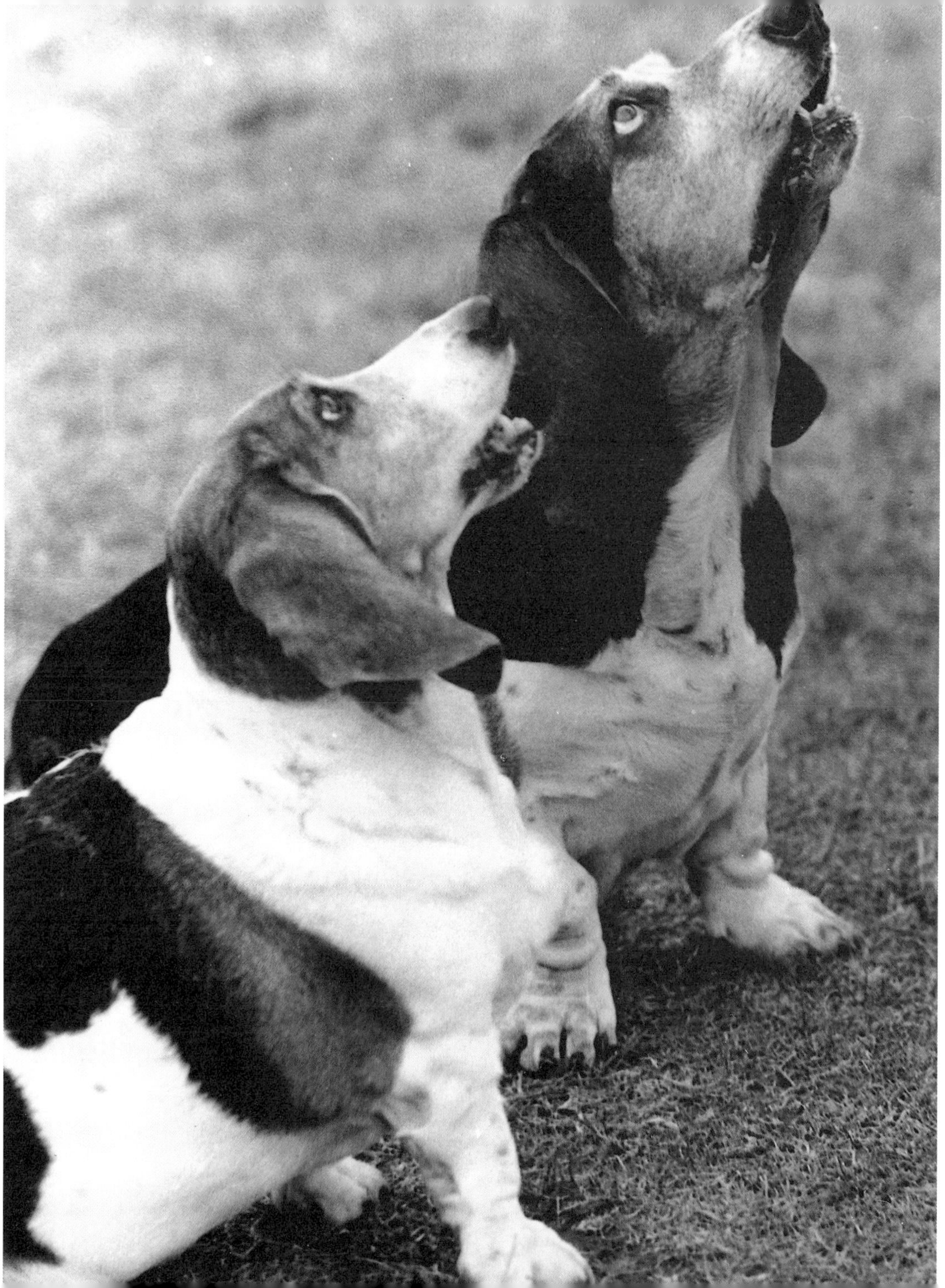

JÄGERLATEIN

Halli, hallo, die Jagd ist aus.
Wie war denn heut' die Strecke?
Bringst drei Stücke Schwarzwild Du nach Haus
oder bloß eine Zecke?

Hast Du beim Waidwerk die Natur
in ihrer Pracht genossen?
Los, gib's schon zu: Dein Herr hat nur
(wie stets) vorbeigeschossen...

```
ZUM GRIENE DUUME
C.R. VATTER AG
GERBERGASSE 76
4001 B A S E L

14-07-88 A 6157 40010002

GRUEN     6        36.00
PORTO    12         5.00
       TOTAL       41.00
       BAR         50.00
       RUECKG       9.00
```

Der Materialtest

Wir testen Herrchens teure, neue Weste.
Laut Katalog ist sie „sehr formstabil".
Tja, Leute, davon merken wir nicht viel!
(Und dabei ziehen wir noch nicht mal feste.)

Beim ersten Ruck war schon ein Ärmel ab,
und wenig später ging der Rücken drauf.
Wir stellen hiermit die Behauptung auf:
„Die Werbung flunkert. Und das nicht zu knapp!"

Die Menschheit kann uns ewig dankbar sein
für fortschrittliches Experimentieren.
Am Montag geh'n wir mit zum Reklamieren
und kaufen vom Retour-Geld Gulasch ein.

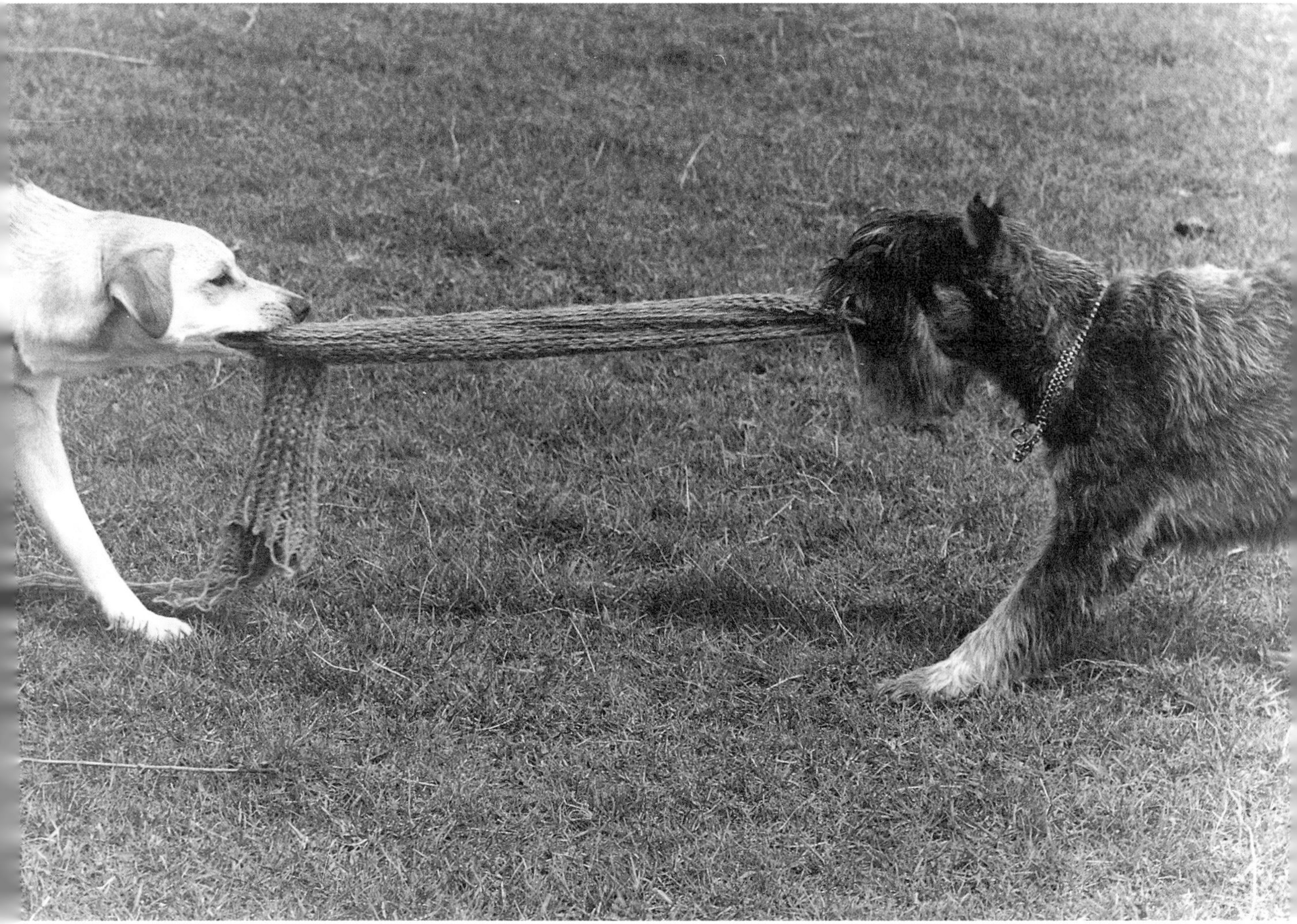

GRILLFEST

Grillfeuer im August!
Hier stehen wir zwei Armen,
und keiner hat Erbarmen
mit unserm schlimmen Frust.

Koteletts auf dem Balkon!
Und niemand schmeißt eins runter.
Die oben schmatzen munter
und kennen kein Pardon.

Würstchen und Sommernacht!
Kein Mensch will uns was gönnen.
(Drum klau'n wir, wenn sie pennen.
Das wäre doch gelacht...)

153

Der Tourist

Das Pflastertreten bringt mich um!
Seit sieben Stunden durch Paris...
Wohl dem, den man zu Hause ließ!
Gerädert bin ich! Schief und krumm!

Wir trabten pausenlos fürbaß,
und nur im Centre Pompidou
tat ich mal kurz die Augen zu.
Doch weiter ging's, zum Montparnasse.

Dort trat mir jemand in den Steiß.
Das war um zwölf. Später, um vier,
klemmte ich in der Metro-Tür.
Ja, Reisen bildet, wie man weiß.

Im Bistro gab's eins auf die Schwarte,
weil ich kurz bellte. Blöder Mist.
Drum hab' ich untern Tisch gepißt.
(Rache ist süß, sprach Bonaparte...)

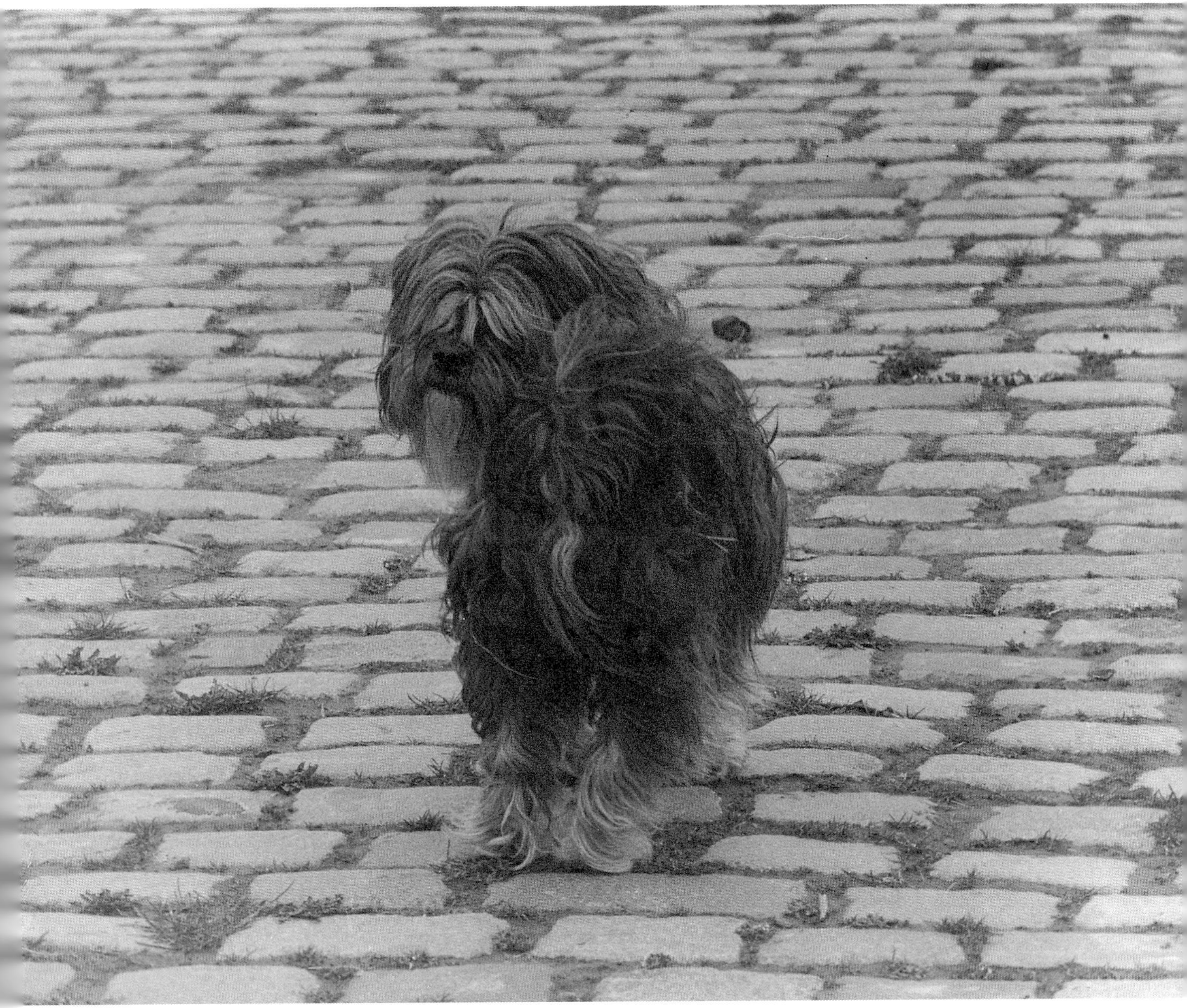

MÜDE

Gott, diese Frühjahrsmüdigkeit!
Schon morgens kommt man nicht in Gang.
Der Zustand nervt. Und wochenlang
ist sozusagen Schlafenszeit.

Fast springt mein Unterkiefer raus.
Ich gähne fünfzehnmal am Stück.
Erschöpfung sitzt mir im Genick.
Schon sieben Schritte sind ein Graus.

Nach süßen Träumen steht mein Sinn
und keinesfalls nach frohem Schaffen.
In diesem Sinne: Tschö, Ihr Affen.
Ich leg' mich schnellstens wieder hin.

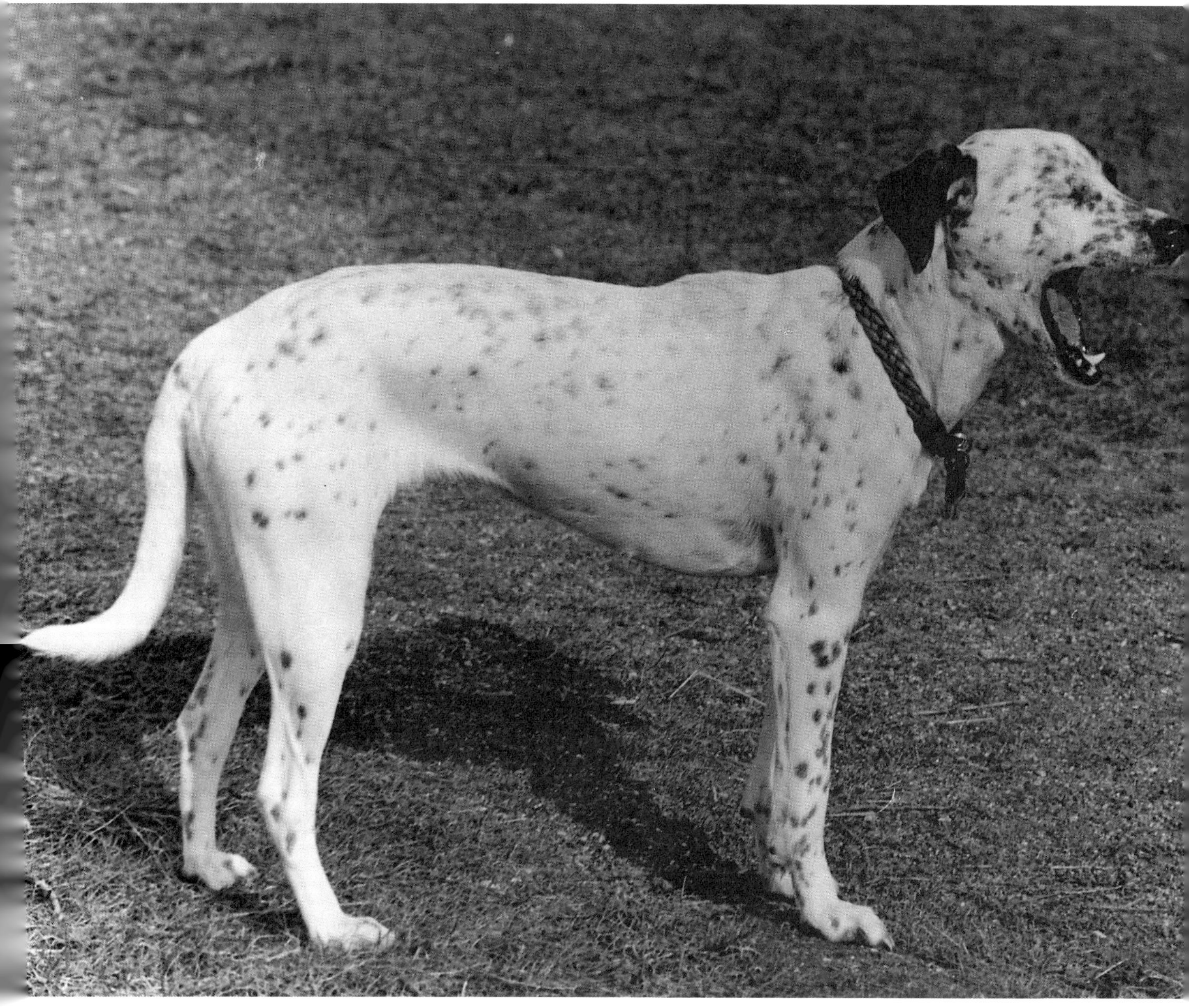

Inhaltsverzeichnis

Zum Geleit — 5

Dank an die Menschen… und an die Hunde… — 7

I. Zwischenhundliche Beziehungen

1. Der Eindringling — 10
2. Der Shar Pei — 12
3. Nobody is perfect — 14
4. Weibsgezänk — 16
5. Das Ritual — 18
6. Tratsch — 20
7. Der Schwips — 22
8. Die Ignoranten — 24
9. Das Gelübde — 26
10. Die Belastungsprobe — 28

II. Kinderstube

1. Na, wartet	32
2. Auf'm Arm	34
3. Der Schritt ins Leben	36
4. Frauchens Hand	38
5. Die Bestie	40
6. Das Unschuldslamm	42
7. Welpe auf Besuch	44
8. Das Recycling-Auto	46
9. Der Babysitter	48
10. Der Vielfraß	50
11. Der Angeber	52

III. Lust und Liebe

1. Ein Herz für Dicke 56
2. Genetik für Anfänger 58
3. Mittagsschläfchen 60
4. Ein Mädchen geht vorbei 62
5. Einsicht 64
6. Der Überredungskünstler 66
7. Der Troubadour 68
8. Der Chauvi 70
9. Wilde Spiele 72

IV. Zu Hause und anderswo

1. Der Verlassene	76
2. Der Weg zum Doktor	78
3. Jeder darf mal	80
4. Ein Lied	82
5. Der Sommer ist vorbei	84
6. Beim Zahnarzt	86
vorher: nachher:	88
7. Advents-Solo für eine Schnauzerstimme	90
8. Das Komplott	92
9. Kohldampf	94
10. Hitparade	96
11. Im Lotterbett	98
12. Rosenmontag	100

V. Schöner Hund!

1. Im Schönheits-Studio	104
2. Die Identitätskrise	106
3. Der Ausstellungs-Sieger	108
4. Neue Frisur	110
5. Schmuddelkind	112
6. Der letzte Kupierte	114
7. Zähnezeigen	116
8. Der Langhaarige	118

VI. Leibesübungen

1. Die Ausdauerprüfung	122
2. Synchronfressen	124
3. Der Außenseitersieg	126
4. Jogging	128
5. Frühsport	130
6. Das Mächtigkeitsspringen	132
7. Die Prügelei	134
8. Wasser ist naß	136
9. Triathlon	138

VII. Dienst und Freizeit

1. Durchgefallen — 142
2. Der Lawinenhund — 144
3. Daheimgeblieben — 146
4. Jägerlatein — 148
5. Der Materialtest — 150
6. Grillfest — 152
7. Der Tourist — 154
8. Müde — 156

KYNOS VERLAG

Helga Fleig · Haus Alemannentrutz · D-5537 Mürlenbach/Eifel · Tel. (0 65 94) 653

AUS UNSEREM VERLAGSPROGRAMM

GESCHENKIDEEN

ZIMMERMANN, BARBARA   NEU!
HUNDE – NICHT GANZ ERNST GENOMMEN
HERVORRAGENDER BILDBAND · Jedes Spitzenfoto begleitet von einem Text voll spritzigen Humors. Sicherlich mit das köstlichste Hundebuch der letzten Jahre.   DM 29,80

BEKE, BERTUS
ALLES IM SPIEL
Der Charakter des Bull Terriers in 80 Cartoons. Witzig und treffend gezeichnet für alle Hundefreunde.   DM 25,–

OH... DIESE BULL TERRIER!
150 humorvolle Cartoons. In meisterlicher „Federführung" das Zusammenleben mit dieser Rasse.   DM 34,–

TRUMLER, EBERHARD
TRUMLER'S PFERDEFIBEL, ERNST & HEITER
Eine Pferdebiologie vom Urpferd zum Wohlstandspferd.
250 hervorragende ZEICHNUNGEN DES AUTORS.   DM 36,–

TIERERZÄHLUNGEN

EIPPER, PAUL
DIE GELBE DOGGE SENTA
Kein anderes Buch beweist mehr die enge Verbundenheit von Mensch und Hund. Mit 34 Meisterfotos des bekannten Tierfotografen Hein Gorny, Neudruck der über 200 000mal verkauften Originalauflage von 1936.   DM 35,–

BRAND, MAX
DER WEISSE WOLF
Bestseller bei den guten Tierromanen und Western-Klassiker. Ein Hund wird zum Leitwolf eines Rudels, und er findet zu dem Menschen zurück. Erstmals gekonnt illustriert von Bertus Beke.   DM 32,–

HARDING DAVIS, RICHARD
THE BAR SINISTER
„VON ZWEIFELHAFTER HERKUNFT"
Deutschsprachiges Reprint der erstklassigen amerikanischen Hundeerzählung. Das Buch, aus dem ein hervorragender Film wurde. Reich illustriert mit 7 ausgesprochen schönen ganzseitigen Farbbildern.   DM 32,–

IN VORBEREITUNG:

DANGERFIELD / HOWELL
DAS GROSSE LEXIKON FÜR HUNDEFREUNDE
DAS NACHSCHLAGEWERK FÜR KENNER WIE FÜR LAIEN enthält alle wesentlichen Informationen über Rassen, Haltung, Zucht, Ausbildung, Krankheiten und Wesen. 130 einmalige Farbaufnahmen, zahlreiche Schwarzweißfotos, Diagramme und Zeichnungen. Großformatiger Band mit etwa 600 Seiten.
     Frühjahr '87

CLUB FÜR MOLOSSER E.V.
MOLOSSER
KARIKATUR, KAMPFMASCHINE, KAMERAD. Ein ausführliches Portrait der zu Recht so bewunderten Rassen MASTIFF, BULLMASTIFF, BORDEAUX DOGGE, MASTINO NAPOLITANO, FILA BRASILEIRO.   Frühjahr '87

TRUMLER, EBERHARD
HUNDEN UNTERS FELL GESCHAUT
Zwei Bände über die Anatomie der Haushunde, die jeder Züchter und Hundefreund versteht. Dieses Buch weist den richtigen Weg von Krankzuchten zu gesunden Rassehunden.
     Bd. I, Frühjahr '87

DAS RASSEPORTRAIT:

Umfang jeweils etwa 300 Seiten mit ca. 100 Abbildungen. PROFILIERTE RASSEKENNER portraitieren ausführlich in Wort und Bild ihre Hunderasse   Jeder Band DM 49,80

NOUC, WINFRIED
DOGGEN-PORTRAIT   Ende '86

HOEHNE, MAX
BOXER-PORTRAIT   'Ende '86

KALINA, SIGRID
PUDEL-PORTRAIT   'Anfang '87

PEPER DR., WILFRIED
WEST HIHGLAND WHITE TERRIER-PORTRAIT   Frühjahr '87

RÄBER DR., HANS
SCHNAUTZER-PINSCHER-PORTRÄT   Frühjahr '87

Alle unsere Hundebücher sind **unter dem Patronat des Verbandes für das Deutsche Hundewesen e.V. Dortmund (VDH)** herausgegeben

KYNOS VERLAG

Helga Fleig · Haus Alemannentrutz · D-5537 Mürlenbach/Eifel · Tel. (0 65 94) 653

AUS UNSEREM VERLAGSPROGRAMM

FACHBÜCHER

TRUMLER, EBERHARD
DER SCHWIERIGE HUND **NEU!**
UNVERZICHTBARER LEITFADEN für den Umgang mit unserem Haushund. Wissen statt Waffenschein zur Integration des Hundes in unsere moderne Umwelt. DM 34,–

DAS JAHR DES HUNDES
FASZINIERENDER FARBBILDBAND mit 168 Fotos. Dokumentation der Entwicklungsstadien und des Sozialverhaltens des Junghundes im ersten Lebensjahr. DM 62,80

HORNER, TOM
DIE TERRIER DER WELT
DAS STANDARDWERK über Terrier, 32 Terrierrassen werden ausführlich vom international anerkannten Fachmann vorgestellt. DM 49,80

ALLES ÜBER DEN BULL TERRIER
Eines der besten Bücher über die Rasse aus der Sicht des englischen Züchters und Kenners. DM 42,–

FLEIG, DIETER
DIE TECHNIK DER HUNDEZUCHT **NEU!**
DAS HANDBUCH FÜR ZÜCHTER! Ein Ratgeber für die Zucht gesunder, auf unsere Umwelt geprägter Welpen. Alles Wesentliche über Paarung, Tragezeit, Geburt, Welpenaufzucht aus über 40 Jahren züchterischer Erfahrung und Forschung. Mit vielen informativen Fotos. DM 46,–

GLADIATOREN I und II
DER SCHLÜSSEL ZUM VERSTÄNDNIS DES BULL TERRIERS. Ein kenntnisreiches Portrait der Rasse. Bd. I DM 38,–
Umfassende Dokumentation der Entwicklung, Haltung und Erziehung von Bull Terrier, Mini, Stafford.
Beide Bände reich illustriert!!! Bd. II DM 40,–

KAMPFHUNDE I und II
Die geschichtliche Dokumentation dieser mutigen wie selbstbewußten Rassen. Ihre ursprünglichen Aufgaben und ihr Mißbrauch. Bd. I DM 45,–
Eine ausführliche Einzeldarstellung und Dokumentation. 8 alte und 16 moderne Rassen, ihre Vorzüge und Schwächen.
Beide Bände reich illustriert!!! Bd. II DM 45,–

MOST, KONRAD
DIE ABRICHTUNG DES HUNDES **NEU!**
Vom „SCHÖPFER DES DIENSTHUNDES" für den aktiven Hundesportler. Unentbehrlich für fachgerechte Hundeausbildung. Ihr Hund arbeitet schneller, freudiger und zuverlässiger. Neu bearbeitet, reich bebildert und erweitert von *Fritz Rasch*. DM 39,80

HÖLZEL, MANFRED
DIE DEUTSCHEN VORSTEHHUNDE **NEU!**
Herkunft, Zucht und Jagdgebrauch. Standardwerk für Jäger und Hundehalter. Mit meisterhaften Fotos und alten Stichen reich illustriert. DM 49,–

AIRY, JILL
HUNDE-ABC
VIELFACH ERPROBTER ERZIEHUNGSPLAN in Altersstufen vom Welpen bis Jährling zum Haus- und Begleithund. DM 15,–

REPRINTS

STREBEL, RICHARD
DIE DEUTSCHEN HUNDE **NEU!**
Die Entstehung unserer Rassehunde. „Ein großangelegtes Werk, das in unserem Schrifttum nicht seinesgleichen findet!" Zwei großformatige Bände, 16 ganzseitige Farbtafeln. Weitere reichhaltige Illustration auf über 700 Seiten.
Erstausgabe 1903/05 DM 136,–

BECKMANN, LUDWIG
GESCHICHTE UND BESCHREIBUNG DER RASSEN DES HUNDES
DAS LEBENSWERK DES GROSSEN KYNOLOGEN in zwei Prachtbänden. Auf 768 Seiten 120 Einzelrassen, über 250 Illustrationen. Erstausgabe 1894 DM 148,–

ALLGEM. DEUTSCHER WINDHUNDKLUB
DAS GROSSE WINDHUNDERBE
Das Wissen über Windhunde aus allen Ländern der Welt von der Entstehung der Rassen bis 1932. Dieses Jubiläumszuchtbuch ist die Fundgrube für jeden Windhundefreund. Mit einmaligen historischen Bildern auf über 750 Seiten. DM 69,80

Alle unsere Hundebücher sind **unter dem Patronat des Verbandes für das Deutsche Hundewesen e.V. Dortmund (VDH)** herausgegeben